1分で 英語力ドリル

ちょっとやさしめ

山田暢彦・監修

Gakken

左のマークが 付いている箇所の音声は，
以下のアプリで再生できます。
ご利用の方は，下記へアクセスしてください。

● my oto mo（マイオトモ）
https://gakken-ep.jp/extra/myotomo/

※アプリの利用は無料ですが，通信料はお客様のご負担になります。
※お客様のネット環境および端末の設定等により，音声を再生できない
　場合，当社は責任を負いかねます。

はじめに

あなたが英語を学びたい理由は何ですか？

これから学び始めるお子さんと、一度習った英語を学び直したい大人とでは、

少し異なるかもしれません。また、同じ大人だとしても、目的はさまざまでしょう。

でも、おそらくみなさんにひとつ共通しているのは、テストのためではなく、

「実際に英語が使えるようになりたい」ということだと思います。

英語を話せると、人生で楽しめることが増えますね。

行ける場所や、出会える人。また、映画・ドラマ・SNSなど、

何を取っても英語ひとつでグッと可能性が広がります。

では、そうした"使える英語"を身につけるには、

どんなことを学ぶ必要があるでしょうか？

まずは、意味内容を伝える「単語・フレーズ」。そして、文の骨組みとなる「文法」。

ことばは話したり聞いたりするものですから、「発音」も大事ですね。

さらに、案外見落とされがちなのが、英語の「文化」です。

言語と文化は切っても切り離せない関係。たとえば、日本は上下関係を重んじる

文化なので、敬語が発達しています。外国人が日本語を学ぶ場合、

日本の文化を知ることも大事と言えるでしょう。

一方で、英語圏はもっとフラットな社会なので、日本語のような

尊敬語・謙譲語といった敬語がありません。そういう意味ではシンプル。

ただし、日本よりも「自分の考えを持つこと」「堂々と主張すること」を

当たり前の感覚として持っているので、日本語感覚で"遠慮"や

"遠回しな言い方"をしているとコミュニケーションに支障が出る場合があります。

言語がちがえば、ことばの使い方の感覚や視点もちがう。このポイントも大切です。

本書では、ぼくの母語であり、日本の学校でもおもに教えられているアメリカ英語

を例に紹介しています。でも、世界にはさまざまな英語があり、正解は1つでは

ありません。

今回、使える英語の習得に欠かせない要素を「5つの軸」に分けました。また、

ドリルを作成するにあたっては、クイズ形式で楽しく、リラックスして取り組めるこ

とを大切にしました。

なかにはやさしいと感じる問題もあるかもしれませんが、入り口こそ簡単でも、

問題の裏ページの解説を読むときっと「へぇ!」という発見がたくさん。

そうした学びの広がりをどうぞ楽しんでください。

「英語って楽しい! もっと学びたい!」

本書を通して、一人でも多くの方にそう思っていただけたら幸せです。

Okay, are you ready? Relax, and let's have fun learning!

NOBU（山田暢彦）

1分で英語力ドリル

ちょっとやさしめ

目次

英語の5つのセンスを磨こう！

英語力とは，テストでよい点を取る力のことではありません。英語を実際に使うために必要な，感覚・知識・技能のことです。この本では5つの軸からアプローチ（Approach）し，英語力を高められるようにしました。

- ● ネイティブ感覚（感覚をつかむ）・・・・・・・・・ 文化的な感覚のちがいをつかむ
- ● 単語の知識（イメージを自分のものに）・・・・ 身近な単語のイメージを自分のものにする
- ● 英語のグラウンドルール（ルールを知る）・・・・・・・ 文の骨組みとなる文法について知る
- ● 英会話のリアル（「本当はこう言う」に触れる）・・・・・・・ 会話のやりとりのリアルに触れる
- ● 聞こえる・通じる発音（音のイメージを更新する）・・・・ 音のイメージを更新する

それぞれについて，簡単に紹介しましょう。

Approach

1 ネイティブ感覚

→ 感覚をつかむ

言語と文化は表裏一体です。言語がちがえば，言葉の使い方の感覚もちがいます。
学校の授業ではあまりきちんと習う機会がない，日本人と英語ネイティブの人たちとの基本的な感覚のちがいを身近な例でつかみます。

Warm-up

2 単語の知識

→ イメージを
　自分のものに

テストに出てくる難しい単語は知っていても,
身の回りのものをパッと英語で言えない人も多い
のではないでしょうか。ネイティブならだれでも知っている
身近な単語や, 英語力アップのカギとなる重要な基本単語のイメージを自分のものにします。

Vocabulary

---

3 英語の
グラウンドルール

→ ルールを知る

文法は, 実際の会話にはあまり役に立たない
と思っている人もいるかもしれません。しかし
文法とは, ネイティブの会話でも常に従っている,
文の作り方の共通ルールのこと。誤解なく意味を伝える
ために必要な「語順」と「単語の形」の不変のルールです。

Grammar

4 英会話のリアル

→ 「本当はこう言う」
に触れる

ネイティブの実際の会話には, 単語と文法を勉強
するだけではわからない, 会話ならではのやりとり
のルールが存在します。いろいろな場面で, どういった表現を
使うのがふつうなのか・ていねいなのかといった常識やニュアンスに触れます。

Conversation

Approach

5 聞こえる・
通じる発音

→ 音のイメージを
更新する

日本人は日本語の発音のクセや, カタカナ語の
表記などに発音を影響されがちです。ネイティブ
の発音に近づけるように, 日本語と英語との根本的な
音声のちがいにフォーカスし, 英語の音のイメージを更新します。

**Listening &
Pronunciation**

001 ～ 019

文化的な
感覚のちがいを
つかむ

01 ニャンて聞こえる？

目標時間

1分

トモミは，ねこと遊んだあとにお昼寝していました。
ふと，音などの表し方が日本語と英語で同じなのか気になりました。

問　英語でも，日本語と同じ意味で使うのはどれ？　Question

A nyah「ニャア」　　　　**B** zigzag「ジグザグ」
C ticktock「チクタク」　　**D** mofmof「モフモフ」

1分考えて 答えが決まったら 次のページへ

答 **B** zigzag「ジグザグ」
C ticktock「チクタク」

　鳴き声や物音などを表すときの「ニャア」「ワンワン」「カチッ」などや，物事のようすをそれらしく表すときの「モフモフ」などのことばは，日本語と英語では全然ちがうことが多いです。

　ねこの鳴き声は，日本語を話す人には「ニャア」と聞こえていても，英語を話す人には「meow」と聞こえているんですね。

知ってる？

鳴き声などの表し方のちがい

002

日本語		英語
ニャア（ねこの鳴き声）	»	meow
ワンワン（犬の鳴き声）	»	woof, bowwow
コケコッコー（ニワトリの鳴き声）	»	cock-a-doodle-doo
モー（牛の鳴き声）	»	moo
チュー（ねずみの鳴き声）	»	squeak
チクタク（時計の音）	»	ticktock
カチッ（クリックなどの音）	»	click
ジュージュー（肉などが焼ける音）	»	sizzle
ジグザグ（の）	»	zigzag
モフモフの（毛などがふわふわしたようす）	»	fluffy, furry

　日本語の「ジグザグ」は英語の zigzag がもとになっている外来語です。「チクタク」と ticktock は，発音が少しちがいますが，どちらも時計の針が進む音を表します。

02　あいさつは大事？

マドカは，英語を話す知り合いの家で手料理をごちそうになることになりました。
「いただきます。」って英語でなんて言うんだっけ？

問　「いただきます。」は英語でなんて言う？　Question

A **I'm going to eat!**（これから食べます！）
B **Enjoy!**（楽しんで！）
C そういうあいさつはない

1分考えて 答えが決まったら 次のページへ

答　C　そういうあいさつはない

　日本語では, 食事を始めるときに「いただきます。」とあいさつをするのがマナーですね。しかし英語では, 食事を始めるときに, 決まったあいさつをする習慣はありません。「さあ食べよう。」という意味で Let's eat. と言ったり, 「おいしそう。」と伝えるために This looks delicious. と言ったりすることもありますが, 特に決まったあいさつはなく, 何も言わないことも多いのです。

　「いただきます。」と言わずに食べ始めるのは行儀が悪い気がしますが, 英語を話す人はそのように感じません。ただ, 料理をふるまってもらうときに, 相手に感謝の気持ちを伝えると喜ばれるのは世界共通です。その場合は心をこめて一言 Thank you. と言うとよいでしょう。

　日本語と英語では, こういう文化的なところもちがいます。日本語に対応する英語が, なんでも1対1で存在するわけではないのですね。

知ってる？

あるタイミングで言う, 決まったことばやあいさつ　004

	日本語	英語
食事を始めるとき	いただきます。	»（決まったことばはない）
食事が終わったとき	ごちそうさま。	»（決まったことばはない）
家を出るとき	いってきます。	»（決まったことばはない）
家の人が帰ってきたとき	おかえりなさい。	»（決まったことばはない）
相手の仕事が終わったとき	おつかれさま。	»（決まったことばはない）
会ってあいさつをしたあと	（決まったことばはない）	» How are you? など
相手がくしゃみをしたとき	（決まったことばはない）	» Bless you!

03 bag は「バッグ」?

目標時間
1分

ミサキはかわいいバッグが大好き。
もっといろいろなバッグがほしいなと思っています。

問　英語で bag はどれ？

Question

A トートバッグ

B 紙袋

C ポテチの袋

D ゴミ袋

1分考えて 答えが決まったら 次のページへ

答 A B C D 全部が bag

　日本語で「バッグ」と言うと，ハンドバッグやトートバッグのようなおしゃれなものをさすことが多いですね。でも英語の bag は，ハンドバッグのようなおしゃれなものだけをさすわけではありません。

　英語の bag は，ざっくり「袋」を表すことばで，カタカナ語の「バッグ」よりもはるかに広い意味をもっています。英語では，いろんなものを入れる袋のことを「○○ bag」と言います。

知ってる？

いろいろな bag

005

英語		日本語
handbag	»	（女性用の）ハンドバッグ
tote bag	»	トートバッグ，手さげ袋
paper bag, grocery bag	»	紙袋，食料品の袋
plastic bag	»	ビニール袋
bag of potato chips	»	1袋のポテトチップス
bag of rice	»	1袋のお米
garbage bag, trash bag	»	ゴミ袋
reusable (shopping) bag	»	（買い物に使う）エコバッグ
teabag	»	ティーバッグ
beanbag	»	お手玉

　ちなみに女性用のハンドバッグは，アメリカでは bag を使わずに purse と呼ぶことが多いです。

04 ごきげんいかが？

タケシが家を出たら，英語を話すおとなりさんのエイミーに，声をかけられました。

問　How are you? には，なんて答える？

Question

A Hi, Amy.（こんにちは，エイミー。）
B Hey, how are you?（やあ，元気？）
C I'm good.（元気です。）
D Fine, thank you.（元気です，ありがとう。）

1分考えて 答えが決まったら 次のページへ

答 🅐 🅑 🅒 🅓 どれでもよい

　🔊 How are you? は直訳すると「あなたの調子はどうですか。」という意味です。しかしネイティブは，How are you? を単なるあいさつのことばとして使うことも多いのです。相手の健康状態を質問しているわけではないので，通りすがりの場合などには How are you? に対して 🔊 Hey, how are you? や 🔊 Good morning. などと返すこともあります。あいさつなので，言う内容よりも，自信をもって元気に・笑顔で・すぐに返事をすることが大切なのです。相手の名前を呼びかけると，より親しみのこもったあいさつになります。

　内容に変化をつける必要もなく，毎日同じように答えてもそれほど変ではありません。単なるあいさつとしての How are you? に対して，🔊 I'm tired.（つかれています。）や 🔊 I'm sleepy.（ねむいです。）などと，その日の健康状態を答える必要はありません。

知ってる？

あいさつと，その答え方

先に声をかける側

Amy：（Hi, Takeshi. などと言ったあとに…）
　　　How are you? ／ How are you doing? ／ How's it going?

よく使われる答え方

Takeshi：Good. ／ I'm good. ／ Pretty good. ／ Not bad. ／
　　　　Doing good, thanks. ／ Fine, thank you. ／
　　　　Great. ／ I'm great. ／ Couldn't be better.（最高だよ。）
　　　　（… などと言ったあとに，How are you? や And yourself? のように聞き返すとよい。）

05 はいどうぞ！

アヤノは，友達とコーヒーショップに来ました。
友達の分のドリンクも受け取ったので，席で待つ本人に渡します。

問　友達に何かを渡すときは，なんて言うと自然？　**Question**

A Yes.
B This.
C Here.
D Please.

1分考えて 答えが決まったら 次のページへ

答 **C** Here.

友達に何かを渡すときの「はい（どうぞ）。」にあたる英語は Here. です。もう少しきちんとした， Here you are. という言い方もあります。

 Please. も「どうぞ。」と訳されますが，「（どうかお願いだから）〜してください。」という意味なので，単にものを渡すときに使うと変な感じがします。言い方によっては，「（どうかお願いだから）これを飲んでください／これを早く受け取ってください。」のような意味に聞こえるかもしれません。

また，道案内のときも please は使いません。「まっすぐ行ってください。」は Go straight. と言うだけでOKで，失礼ではありません。これに please をつけると，「どうか直進してください。」のような感じに聞こえます。

知ってる？

ものを渡すときの言い方

009

Here. （はい。〈気軽な言い方〉）
Here you are. （はい，どうぞ。〈はば広く使える，無難な言い方〉）
Here you go. （はい，どうぞ。〈Here you are. より少しくだけた言い方〉）
Here it is. （これです。／ここにあります。〈さがしていたものが見つかって渡すときや，話に出てきたものを渡すとき〉）

Here's 〜. （はい，これが〜です。）
… Here's your drink. （はい，これがあなたの飲み物です。）
… Here's your ticket. （はい，これがあなたのチケットです。）

06 どういたしまして♪

アヤノが友達にドリンクを渡したら，笑顔でお礼を言われました。

Question

問　Thanks.（ありがとう。）と言われたら，
　　なんて言う？

A Yes.　　　　　**B** No, no.
C Sure.　　　　**D** You're welcome.

1分考えて 答えが決まったら 次のページへ

C **Sure.** または
D **You're welcome.**

🎧 Thanks. や 🎧 Thank you. に対する「どういたしまして。」は You're welcome. と言います。

You're welcome. は，いろいろな場面で使える言い方ですが，少し改まった感じもします。かわりに Sure.（いいですよ。／いいって。）や No problem.（全然。）と言うと，もっと気軽でフレンドリーな感じになります。

日本語では「いいえ。」「いえいえ。」のように応じることも多いですが，英語では Thank you. に対して No. や No, no. などと応じることはありません。

知ってる？

Thank you. に対する応じ方 　　　　011 🎧

〈はば広く使える，無難な言い方〉	・You're welcome.（どういたしまして。）
〈気軽でフレンドリーな言い方〉	・Sure.（いいって。） ・No problem.（全然。） ・Anytime.（いつでもどうぞ。） ・No worries.（気にしないでよ。） ・You bet!（もちろん！）
〈ていねいな言い方〉	・My pleasure.（喜んで。） ・Not at all.（全然かまいませんよ。） ・Don't mention it. 　　　　（お礼にはおよびません。）

07 先生！

リョウタは帰り道，英語科担当<small>たんとう</small>の Lisa Smith 先生を見かけました。
先生に声をかけてみます。

問　先生になんと呼<small>よ</small>びかける？

Question

Ⓐ Smith Teacher!　**Ⓑ Teacher Smith!**
Ⓒ Ms. Lisa!　**Ⓓ Ms. Smith!**

1分考えて 答えが決まったら 次のページへ

答 D **Ms. Smith!** と呼びかけるのが いちばんふつう

　Lisa Smith の Lisa の部分はファーストネーム（🔊 first name…日本でいう「下の名前」），Smith の部分はラストネーム（🔊 last name または 🔊 family name…日本でいう「姓（名字）」）といいます。

　先生に対してもっともよく使われる呼びかけは，女性なら〈🔊 Ms. ＋ラストネーム〉，男性なら〈🔊 Mr. ＋ラストネーム〉です。先生に Teacher! や Teacher Smith! などと呼びかけることはあまり一般的ではありません。ちなみに，以前は結婚していない女性には Miss，結婚している女性には Mrs. を使っていましたが，近年は区別せずに Ms. を使うのが一般的です。

　Lisa! のように呼んでいいのは，あらかじめ「ファーストネームで呼んでほしい」と言ってくれている，フレンドリーな先生の場合だけです。ただし，保護者と先生はおたがいをファーストネームで呼び合うことがあります（そうすることで，対等に話し合える関係だという感じが強まります）。

知ってる？

名前の基本

	姓〈名字〉		下の名前
（日本）	佐々木	順番が逆!	亮太
（英語圏）	Lisa		Smith
	first name		last[family] name

　「〜先生」は，男性なら 🔊 Mr. Smith，女性なら 🔊 Ms. Smith としますが，医師や博士号のある人には Dr. を使って 🔊 Dr. Smith とします。

08 ビリーなんていたっけ？

ユキエが4人の男性と話していると，通りがかった女の子がそのうちの1人に
Hi, Billy.（こんにちは，ビリー。）と呼びかけました。
だれかのニックネームのようなのですが，だれのことかわかりません。

Question

問 ビリー（Billy）ってだれのこと？

A ブライアン（Brian）　　B ベンジャミン（Benjamin）

C ウィリアム（William）　D リチャード（Richard）

1分考えて 答えが決まったら 次のページへ

答 C ウィリアム（William）

多くの英語の名前（ファーストネーム）には，昔から使われている決まった短縮形があります。たとえば，正式名が William（ウィリアム）の場合，短縮形は Will（ウィル），Bill（ビル），Billy（ビリー）などです。

このような短縮形は，子どものときだけではなく，大人になってからも使われます。たとえば，アメリカの第 46 代大統領の Joe Biden（ジョー・バイデン）の Joe も短縮形で，正式なファーストネームは Joseph（ジョゼフ）です。

ちなみに，「イー」（-y, -ie）で終わる呼び方には，「～ちゃん」に近いフレンドリーな感じがあります。Bill より Billy のほうが親しみがこもった印象がありますし，幼児は dog（犬）を doggy（ワンちゃん）と呼ぶこともあります。

知ってる？

よく使われる短縮形

015

正式名		短縮形の例
William（ウィリアム〈男〉）	»	Will（ウィル），Willy（ウィリー），Bill（ビル），Billy（ビリー）
Elizabeth（エリザベス〈女〉）	»	Beth（ベス），Betty（ベティー），Lisa（リサ）
James（ジェイムズ〈男〉）	»	Jim（ジム），Jimmy（ジミー）
Katharine（キャサリン〈女〉）	»	Kate（ケイト），Katie（ケイティー），Kathy（キャシー）
Michael（マイケル〈男〉）	»	Mike（マイク），Mikey（マイキー），Mickey（ミッキー）
Richard（リチャード〈男〉）	»	Rich（リッチ），Richie（リッチー），Rick（リック），Dick（ディック）

09 お兄ちゃん？ 弟？

目標時間

1分

フミヤの友達は,「brother（ブラザー）といっしょに住んでいる」とのこと。

Question

問　brother ってふつう, どっち？

A ふつうは兄のこと

B ふつうは弟のこと

C 兄か弟かはわからない

1分考えて 答えが決まったら 次のページへ

1章　ネイティブ感覚　　**27**

答　C　兄か弟かはわからない（けど，あまり気にしない）016 ◎

　日本語では「兄」と「弟」，「姉」と「妹」のように別のことばを使いますが，英語の ◎ brother は「兄・弟」，◎ sister は「姉・妹」の両方をさします。

　自分より年上であることを特に伝えたいときには ◎ older brother のように説明することはありますが，兄なのか弟なのかは，日本人ほどは気にしません。必要がなければ，◎ my brother（男の兄弟）とだけ言うのがふつうです。これは，年上か年下かの区別を重視する日本と，重視しない英語圏との文化のちがいでもあります。

　また，日本では，弟は兄を「お兄ちゃん」と呼び，兄は弟のことを名前で呼ぶ家庭が多いかもしれません。一方，英語圏では弟から兄に対しても，Billy（ビリー）のように名前を呼び捨てにするのが一般的です。

知ってる？

きょうだいの言い方　017 ◎

［ふつう］	brother（兄・弟）	sister（姉・妹）

特に伝える必要があるときだけ

［年上］	older brother, big brother, elder brother	older sister, big sister, elder sister
［年下］	younger brother, little brother	younger sister, little sister

10 信号に注意！

ナツミは将来，世界のいろいろな国で車を運転してみたいと思っています。
左側通行・右側通行は国によってちがいますが，
信号の3つの色は世界共通のようです。

問　信号の赤・黄・青を英語で言うと？
　　それぞれ下から選びましょう。

Question

green ／ blue ／ red ／ pink ／ yellow ／ brown

1分考えて 答えが決まったら 次のページへ

答　赤…red　　黄…yellow　　青…green

　信号の「青」は英語では green（緑）です。blue（青）と言うことはありません。よく見てみると，日本の青信号も青というよりは緑色ですよね。

　信号の「黄」は，イギリスでは yellow（黄）のかわりに amber（こはく色），オーストラリアなどでは orange（オレンジ）という言い方も使われます。

　色のとらえ方は，文化によって異なる（こと）ことがあります。青信号の例のように，日本では緑色に近いものも「青」と言い表すことがあります。たとえば，緑色のりんごは英語では green apple と言いますが，日本語では「青りんご」と言います。

　また，こんな例もあります。日本では，子どもが絵を描（か）くときには太陽を赤色でぬることがよくありますが，アメリカなどでは太陽は黄色やオレンジ色でぬることが多いようです。

知ってる？

色の表し方のちがい

019

日本語		英語
青信号	»	green light（緑色の光）
青りんご	»	green apple（緑色のりんご）
白髪（しらが）	»	gray hair （灰色（はいいろ）の髪（かみ）…白髪まじりの髪を表す一般的（いっぱんてき）な言い方）， white hair（〈特に真っ白の〉白髪）， silver hair（銀色の髪）
黒い目（ひとみの色）	»	brown eyes（茶色の目）， dark eyes（暗い色の目）

11 正しく書こう

目標時間

1 分

ケイタは字が上手で，日本語も英語も美しく書くことができます。
ふと，English の E の書き順が気になりました。

問　大文字の E の正しい書き順は？

Question

 A

 B

 C

D　正しい書き順なんてない

1分考えて 答えが決まったら 次のページへ

答　D　正しい書き順なんてない

　漢字やひらがな・カタカナは，小学校で書き順を習いましたよね。日本人としてはアルファベットの正しい書き順も気になるのですが，アルファベットには決まった書き順というものはありません。画数さえも特に決まっていません。形さえ正しく書ければ，どういう書き順で何画で書くかは，人それぞれ。学校の先生によってもバラバラです。

　英語圏でも，子ども向けの教科書などでアルファベットの書き順が示されていることはありますが，それはあくまでも，初めて習う子どもが書きやすいように出版社が独自に示している例にすぎません。

　アルファベットは英語圏だけでなく世界じゅうのたくさんの国や言語で使われていますが，書き方の統一ルールはないのです。

知ってる？

アルファベットのいろいろな書き方の例（人それぞれ）

- 大文字 E
- 大文字 H
- 大文字 M
- 大文字 V
- 大文字 W

2

Vocabulary

020 ～ 039

身近な単語の

イメージを

自分のものにする

01 通じる野菜は？

目標時間 1分

ミツキは野菜が大好き。

世界じゅうの人と野菜について語り合いたくてたまりません。

問 （がんばれば）このままで英語として通じる
野菜の名前はどれ？

Question

A キュウリ　　B ピーマン

C オクラ　　　D ナス

1分考えて 答えが決まったら 次のページへ

答 C オクラ

　野菜の名前はカタカナで書くことも多いですが，英語がもとになっているものと，英語とは無関係のものがあります。

　下の「知ってる？」の左側に書かれている野菜は日本語と似ているので通じやすいですが，発音だけは少しがんばって，英語らしく言うのがコツです。

知ってる？

がんばれば通じる野菜たち・がんばっても通じない野菜たち

020

●（がんばれば）通じる野菜たち

- オクラ … okra
  [**オ**ウクラ] のように言うのがコツ。

- レタス … lettuce
  [**レ**タス] のように最初を強く。

- トマト … tomato
  [ト**メ**イトウ] のように言おう。

- パセリ … parsley
  [**パ**ースリ] のように言おう。

- セロリ … celery
  [**セ**ルリ] のように最初を強く。

- えだまめ … edamame
  日本語由来。[エダ**マ**ーメイ] のように。

●英語とは全然ちがう野菜たち

- ピーマン … green pepper
  ピーマンはフランス語またはポルトガル語由来。

- キュウリ … cucumber
  漢字で書くと胡瓜。

- ナス … eggplant
  茄子。英語は「たまご（型の）植物」という意味。

- クレソン … watercress
  クレソンはフランス語由来。

- ルッコラ … arugula
  ルッコラはイタリア語由来。

- パクチー … cilantro
  パクチーはタイ語，シャンツァイは中国語由来。

　国がちがうと食文化もちがいます。食材の名前はうまく伝わらない場合があることも知っておきましょう。たとえば edamame（熟す前の大豆）は，英単語として一般的になっていますが，英語を話す人が必ず知っているとは限りません。

リョウはスイーツが大好き。

アメリカのレストランで，どうしてもスイーツが食べたくなりました。

問 このままカタカナで言って注文したとき，
（運がよければ）出てくるスイーツはどれ？

Question

Ⓐ シュークリーム　　Ⓑ パフェ　　Ⓒ ソフトクリーム

1分考えて 答えが決まったら 次のページへ

答　**B**　パフェ

　パフェは「完全な」という意味のフランス語🔊 parfait がもとになっています。非の打ちどころのない「完全な」スイーツだからだそうです。英語でもパフェは parfait ですが，「パー<u>**フェイ**</u>」のようにうしろを強く発音するのが通じるコツです（アメリカでは同じものを🔊 sundae（サンデー）と言うこともあります）。

　そのほかの選択肢は和製英語。英語を話す人にとっては，シュークリームは「くつクリーム（shoe cream）」のように聞こえるので，このまま言ったら，相手の頭にはなぞのビジュアルがうかんでしまうかもしれません。

　ちなみに，「私はあまいものが好きです。」と言うときは，🔊 I have a sweet tooth.（私はあまい歯を1本持っています。）という表現が使われることがあります。

知ってる？

スイーツの言い方

- パフェ … parfait, sundae
- ホットケーキ … pancake（pancake がふつうの言い方だが，hotcake という呼び方もある。pancake を hotcake という名前でメニューにのせているファストフードチェーンもある。）
- シュークリーム … cream puff
- いちごのショートケーキ … strawberry sponge cake（アメリカ英語の strawberry shortcake は，ふつうサクサクしたビスケット生地が土台になっているものをさす。）
- ソフトクリーム … soft-serve ice cream, soft serve
- プリン … flan, crème caramel（フランス語がもとになっている）
- クレープ … crêpe（フランス語がもとになっている）

03 この子は英語？

トモコはいつか動物と話せるようになりたいと思っています。
でもその前に，英語を話せるようになりたいと思っています。

英語
話せる？

Do you speak
English?
（英語 話せる？）

問 （英語っぽく言えば）このままで英語として通じる
動物の名前はどれ？

Question

A インコ B オットセイ C ハムスター
D モルモット E 秋田犬（あきたいぬ） F ラッコ

1分考えて 答えが決まったら 次のページへ

答 C ハムスター， E 秋田犬

　動植物の名前はカタカナで書かれることが多いので，つい英語と関係があるように思ってしまいがちですが，英語とはまったく関係のないものも多いので注意しましょう。

　ハムスターは英語でも hamster です。「**ヘ**ァムスタ」のように最初を強く発音します。

　日本の秋田犬は海外でも人気で，<u>英語ではそのまま Akita と言います</u>（Akita-inu と言うこともあります）。「ア**キー**タ」のようにまん中を強く，のばして発音します。

知ってる？

英語でなかなか言えない動物たち（呼び方の一例）

- インコ … parakeet
- フクロウ … owl
- イタチ … weasel
- アライグマ … raccoon
- トナカイ … reindeer
- サイ … rhino, rhinoceros
- ハリネズミ … hedgehog（「生け垣のブタ」の意味）
- モルモット … guinea pig（「ギニア（西アフリカの国）のブタ」の意味）
- ムササビ … flying squirrel（「空飛ぶリス」の意味）
- オットセイ … fur seal（「毛皮のアザラシ」の意味）
- ラッコ … sea otter（「海のカワウソ」の意味）
- アシカ … sea lion（「海のライオン」の意味）
- シャチ … killer whale（「殺し屋クジラ」の意味）
- アリクイ … anteater（「アリを食べる者」の意味）
- ナマケモノ … sloth（「怠惰」の意味）

04 キッチンは英語ばかり？

シンは料理が大好き。

キッチンにあるものは，冷蔵庫以外は英語ばかりだなあとしみじみ思っています。

あ，コンセント
抜けてた

Question

問 （うまく発音すれば）そのままの意味で
英語として通じるものはどれ？

A レンジ **B** ミキサー **C** コンセント

1分考えて 答えが決まったら 次のページへ

答　どれも通じない

　アメリカ英語では，電子レンジは🔊 microwave oven（または簡単に<ruby>簡単<rt>かんたん</rt></ruby>に microwave），料理やジュース作りに使うミキサーは🔊 blender，電気のコンセント（<ruby>壁側<rt>かべがわ</rt></ruby>のさしこみ口）は🔊 outlet といいます。

　カタカナ語には，英語とは意味がずれているものもあるので<ruby>要<rt>よう</rt></ruby>注意です。

　たとえば「ポット」です。英語の🔊 pot は深い<ruby>容器<rt>ようき</rt></ruby>をさすことばで，<u>パスタをゆでる両手なべや，<ruby>汁物<rt>しるもの</rt></ruby>を作る<ruby>片手<rt>かたて</rt></ruby>なべを pot</u> と呼びます。ティーポット・コーヒーポットは英語でも🔊 teapot・🔊 coffee pot ですが，お湯をわかす電気ポットは英語では🔊 electric kettle といいます。

　「コップ」はポルトガル語・オランダ語が<ruby>起源<rt>きげん</rt></ruby>と言われています。英語の🔊 cup は，🔊 teacup（ティーカップ）や🔊 paper cup（紙コップ）のような，ガラス<ruby>製<rt>せい</rt></ruby>以<ruby>外<rt>がい</rt></ruby>のものをさします。取っ手のない<u>ガラスのコップは🔊 glass</u> です。

身のまわりの和製英語アイテム<ruby>和製<rt>わせい</rt></ruby>

026

キッチンまわり

・電子レンジ … microwave (oven)
・（ジュース用）ミキサー … blender
・コンセント … outlet
・電気ポット … electric kettle
・（ガラスの）コップ … glass
・マグカップ … mug
・オーブントースター … toaster oven
・キッチンペーパー … paper towel
・ペットボトル … plastic bottle

リビングまわり・文具など

・（暖房の）ストーブ … heater<ruby>暖房<rt>だんぼう</rt></ruby>
・（髪用の）ドライヤー … hair dryer<ruby>髪<rt>かみ</rt></ruby>
・ノートパソコン … laptop
・ホチキス … stapler
・シャープペンシル … mechanical pencil
・ボールペン … ballpoint pen
・シール … sticker
・ダンボール箱 … cardboard box

05 行きたい国は？

メグミが世界を旅するバックパッカーと話していたら，
行ってみたい国を聞かれました。
どうしても外せない国が4つあるのですが…。

リュック
おろさない派

問 このまま言えば（ほぼほぼ）英語として
通じる国の名前はどれ？

Question

A ドイツ 　　 **B** オランダ
C チリ 　　 **D** ガーナ

1分考えて 答えが決まったら 次のページへ

答　C チリ，D ガーナ

　日本語のカタカナの国名には，発音を英語らしくしたり，少しだけ言い方を変えたりするだけで英語として通じるものもたくさんあります。一方で，そのままではまったく通じないものもあるので要注意です。

知ってる？

英語の国名

027

① 　英語っぽく言えばほぼほぼ通じるチーム
- アメリカ … America［アメリカ］または the U.S.［ザ ユーエス］
- カナダ … Canada［キャーナダ］　・オーストラリア … Australia［オーストレイリャ］
- ニュージーランド … New Zealand［ニュー ズィーランド］　・ロシア … Russia［ラシャ］
- フランス … France［フレァンス］　　　・スペイン … Spain［スペイン］
- ケニア … Kenya［ケニャ］　　　　　　・ガーナ … Ghana［ガーナ］
- ブラジル … Brazil［ブラズィル］　　　・メキシコ … Mexico［メクセコウ］
- チリ … Chile［チリ］　　　　　　　　・ペルー … Peru［ペルー］

② 　似てるけどちょっとちがうんだねチーム
- イタリア … Italy［イタリ］　　　　　・インド … India［インディア］
- タイ … Thailand［タイランド］　　　　・モンゴル … Mongolia［マンゴウリャ］

③ 　どうしてそうなった?チーム
- イギリス … the U.K.［ザ ユーケイ］　・ドイツ … Germany［ヂャーマニ］
- オランダ … the Netherlands［ザ ネザーランヅ］

　the U.S. は the United States（合衆国）の略，the U.K. は the United Kingdom（連合王国）の略です。

　the Netherlands は「低地の国々」という意味で，オランダの正式な英語名ですが，Holland［ハーランド］という非公式な呼び方が使われることもあります。

06 足にもいろいろ

目標時間 1分

カツトシは海外で活躍するサッカー選手をめざしてイメージトレーニング中。
まずはキックの技術について，英語で語り合えるようになりたいです。

問 上の絵の①〜④の場所を表す英語はどれ？　**Question**

A leg「レッグ」

B foot「フット」

C heel「ヒール」

D knee「ニー」

1分考えて 答えが決まったら 次のページへ

答　①… **A** leg, ②… **D** knee,
　　③… **C** heel, ④… **B** foot

　「ニーパッド」「ハイヒール」などのカタカナ語もあるので，そこから推測できた人もいたかもしれません。

　体のパーツを表すことばは，<u>どこからどこまでをさしているのかに注意が必要</u>です。たとえば日本語の「足」は，足首から上をさして「足が長い」のように言うこともあれば，足首から下をさして「足が大きい」のように言うこともありますね。英語では，ふつう足首から上は leg, 足首から下は foot と呼んで区別します。

　また，日本語の「指」は，手足どちらにも使えますね。でも英語で finger と呼ぶのは，手の指（しかも，ふつうは親指以外の４本の指）だけ。足の指は finger ではなく toe と呼びます。

　言語が変わると，こういうちがいがあるのがおもしろいですね。

知ってる？

体のパーツの英語

029

日本語		英語	意味
頭	»	・head	（首から上，頭部全体をさす）
足	»	・leg	（ふつう，ももの付け根から足首までをさす）
		・foot	（足首から下をさす）
指	»	・finger	（手の指〈ふつう親指以外〉）
		・thumb	（手の親指）
		・toe	（足の指）
おしり	»	・buttocks	（すわるといすの座面に触れるところ）
		・butt	（buttocks のくだけた言い方で，日常会話で使う）
		・hips	（ウエストの下，腰骨のまわりの，左右に張り出した部分）

07 そっちの意味？

ミナコの趣味は辞書を読むことです。
英和辞典を読んでいたら，いくつものちがう意味をもつ単語を見つけました。

> "dictionary" にはね，
> 「辞書」以外に

> 「枕」って
> 意味があるの

> ウソつき…

問 **それぞれの英語の，もう1つの意味はどれ？**　**Question**

letter … 手紙，　①　　change … 変える，　②

fine … 元気な，　③　　can … ～できる，　④

A 缶　　**B** 文字　　**C** 罰金　　**D** おつり

1分考えて 答えが決まったら 次のページへ

答　① letter … **B** 文字,
　　② change … **D** おつり,
　　③ fine … **C** 罰金, ④ can … **A** 缶

　英語には，いくつもの意味をもつ単語（多義語）や，別々の単語なのに発音とつづり（スペル）がまったく同じだったりするものがあります。どの意味なのかは，文中での使われ方で判断できるので，それほど心配はいりません。

知ってる？

いろいろな意味を表す単語

031

英語	日本語	例
letter	「手紙」	» send a letter（手紙を送る）
	「文字」	» small letters（小文字）
change	「変える」	» change the subject（話題を変える）
	「おつり」	» Keep the change.（おつりは取っておいてください。）
fine	「元気な，結構な」	» I'm fine.（私は元気です。）
	「罰金」	» pay a $100 fine（100ドルの罰金を払う）
can	「～できる」	» I can swim.（私は泳げます。）
	「缶」	» cans and bottles（缶とびん）
right	「右（に）」	» turn right（右に曲がる）
	「正しい」	» That's right.（そのとおり。）
	「権利」	» human rights（人権）
light	「軽い」	» a light bag（軽いかばん）
	「光，明かり」	» turn on the light（明かりをつける）

　ほかにも 🎧 fire「火」「クビにする」，🎧 book「本」「予約する」，🎧 last「最後の」「続く」，🎧 mean「意味する」「意地悪な」，🎧 present「贈り物」「現在」「出席している」などがあります。

08 動くのが動詞？

目標時間 1分

ヨシフミは何でもスッキリと分類しておきたいタイプです。
英単語には「動詞」という大きなグループがあることを知りました。
おもに「動き」を表すから「動詞」というらしいのですが…。

問 次のうち動詞はどれでしょう？　　　　Question

A car （車）　　**B** dog （犬）　　**C** run （走る）

D stop （止まる）　**E** busy （いそがしい）

F sleepy （ねむい）

1分考えて 答えが決まったら 次のページへ

答　**C** run（走る）, **D** stop（止まる）

Answer
032

　動詞とは,「歩く」「走る」「止まる」「話す」「好む」のように, おもに「動き」を表すことばです。「歩くゥー」「走るゥー」のように, <u>日本語では, 最後の音をのばしたときに「ウー」になるのが動詞</u>です。

　「車」「犬」「男の子」「ヨシフミ」のように, 物や人の名前を表す単語のグループは「名詞」といいます。

　また,「赤い車」「大きい犬」「いそがしい男の子」のように, 物や人がどんなようすかを表す単語のグループを「形容詞」といいます。

知ってる?

英単語のおもなグループ

033

動詞	名詞	形容詞
動きを表すグループ	名前を表すグループ	ようすを表すグループ
・walk（歩く）	・boy（男の子）	・tall（背の高い）
・run（走る）	・dog（犬）	・big（大きな）
・stop（止まる）	・car（車）	・red（赤い）
・speak（話す）	・English（英語）	・good（よい）
・listen（聞く）	・music（音楽）	・beautiful（美しい）
・like（好む）	・tennis（テニス）	・nice（すてきな）
・eat（食べる）	・pizza（ピザ）	・hungry（空腹の）
・study（勉強する）	・math（数学）	・easy（簡単な）
・sleep（ねむる）	・bed（ベッド）	・sleepy（ねむい）
・think（考える）	・Tokyo（東京）	・busy（いそがしい）

超便利な動詞

エミコは，英単語をおぼえるのは面倒だなと思っています。
そんなとき，たくさんの意味を1語で表せる便利な動詞を発見しました。

問 ☐ に共通で使える，便利な動詞はどれ？　**Question**

・Can I ☐ some water?　（お水をもらえる？〈友達の家で〉）

・Do you ☐ dictionaries?　（辞書は置いてますか？〈書店で〉）

・You ☐ a good memory!　（記憶力いいね！〈相手をほめる〉）

A do（する）　　　**B** make（作る）

C have（持っている）　**D** take（取る）

1分考えて 答えが決まったら 次のページへ

答 **C** **have**（持っている）

　have は「持っている」という意味ですが, 日本語の「持っている」と比べると, 実にたくさんの意味を「持っている」ことばです。日常会話でもっともよく使われる基本動詞の1つなので, 使いこなせると便利ですね。

知ってる？

have のいろいろな意味
035

●持っている
　I have a lot of books.（私はたくさんの本を持っています。）
　I have a good memory.（私はよい記憶力を持っています→ものおぼえがいい。）

●（きょうだいや友人などが）いる
　I have a sister.（私には姉［妹］が1人います。）

●（ペットを）飼っている
　I have a cat.（私はねこを1匹飼っています。）

●（店などに）置いている
　Do you have dictionaries?（〈あなたのお店には〉辞書を置いていますか。）

●食べる
　I have breakfast at 6:00.（私は6時に朝食を食べます。）

●経験する,（時間を）過ごす
　Have a nice day!（よい1日を！）

●手に入れる
　Can I have some water?（お水をもらえる？）
　May I have your name?（あなたのお名前を教えていただけますか。）

ヨシユキは，お金が 10 万円たまったら
航空券(こうくうけん)を買って海外旅行に行くつもりです。

そういえば，日本語と英語では数の言い方がちがうみたいです。

> 10 円玉が
> 1 万枚(まい)入るよ

ウっっ…

問 英語で「10 万」はどのように言うでしょう？　**Question**

A 100 個(こ)の「千」　　**B** 10 個の「万」

1分考えて 答えが決まったら 次のページへ

答　A 100個の「千」

　英語で1万は ten thousand，つまり ten（10個の）thousand（千）という言い方で表します。<u>日本語とちがって，「万」を1語で表す単語はありません。</u>

　日本語と英語では，大きな数の表し方がちがいます。英語では，数字で書いたときにコンマ（,）を入れる場所が，thousand などの区切りになっています。

知ってる？

高いお値段の言い方

037

日本語	数字		読み方
・千円	…¥1,000	»	one thousand yen（1個の千円）
	└このコンマのところが thousand（千）		
・5千円	…¥5,000	»	five thousand yen（5個の千円）
・1万円	…¥10,000	»	ten thousand yen（10個の千円）
・3万円	…¥30,000	»	thirty thousand yen（30個の千円）
・10万円	…¥100,000	»	one hundred thousand yen
			（100個の千円）
・30万円	…¥300,000	»	three hundred thousand yen
			（300個の千円）
・100万円	…¥1,000,000	»	one million yen（1個の百万円）
	└2つ目のコンマは million（百万）		
・1000万円	…¥10,000,000	»	ten million yen（10個の百万円）
・1億円	…¥100,000,000	»	one hundred million yen（100個の百万円）
・10億円	…¥1,000,000,000	»	one billion yen（1個の十億円）
	└3つ目のコンマは billion（十億）		

　値段を書くときは ¥1,000 のように通貨の記号（¥）は数字の前につけて書きますが，読むときは one thousand yen のように通貨を最後に言います。

　ドルの場合は $1,000 と書いて one thousand dollars と読みます。

ナミは，英語を話す友達<small>（ともだち）</small>に誕生日<small>（たんじょうび）</small>を聞かれました。
何かもらえるかもしれないので，教えておきましょう。

> When is your birthday?

> 教えてあげる
>
> だから
> プレゼント
> ちょうだい！

Question

問 「4月7日」はどう言う？

（次の単語<small>（たんご）</small>の中から，いくつ使ってもかまいません。）

four ／ April ／ day ／ month ／
seven ／ seventh

1分考えて 答えが決まったら 次のページへ

答　April seventh

　英語の「○月○日」は，「月名→日付」の順で，単語を続けて言うだけです。
月名とは April（4月）などの単語のことで，four のような数は使いません。
日付は seventh（7日）のように序数（順番を表すことば）を使って言います（書
くときは「7」や「7th」のように数字を使って表すのがふつうです）。

知ってる？

「○月○日」の言い方

039

月名（最初は大文字）		日付（序数）			
1月	January	1日	first	13日	thirteenth
2月	February	2日	second	14日	fourteenth
3月	March	3日	third	：	
4月	April	4日	fourth	19日	nineteenth
5月	May	5日	fifth	20日	twentieth
6月	June	6日	sixth	21日	twenty-first
7月	July	7日	seventh	22日	twenty-second
8月	August	8日	eighth	23日	twenty-third
9月	September	9日	ninth	：	
10月	October	10日	tenth	29日	twenty-ninth
11月	November	11日	eleventh	30日	thirtieth
12月	December	12日	twelfth	31日	thirty-first

例　1月1日 … January 1 と書いて　January first と読む。

　　4月7日 … April 7 と書いて　April seventh と読む。

　　2月27日… February 27 と書いて　February twenty-seventh と読む。

3

Grammar

040 〜 076

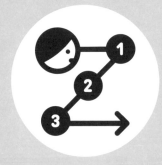

文の骨組み
となる文法に
ついて知る

01 日本語では言わないけど…

ジュンは昼食後に授業を受けています。
先生の話が難しくて,
ねむくなってきました。

問 「ねむい。」を英語で言うと？ **Question**

| | sleepy.
|---|

友達のトオルが,初めて
ピアノを披露してくれました。
上手なので,ほめましょう。

問 「上手だね！」を英語で言うと？ **Question**

| | good!
|---|

1分考えて 答えが決まったら 次のページへ

答 　**I'm** sleepy.

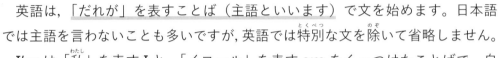

040

　英語は，「だれが」を表すことば（主語といいます）で文を始めます。日本語では主語を言わないことも多いですが，英語では特別な文を除いて省略しません。

　I'm は「私」を表す I と，「イコール」を表す am をくっつけたことばで，自分の名前やようすを説明するときに使います。会話では，I am よりも I'm のほうがよく使われます。

例　私，ミサキです。　　　　　I'm Misaki.
　　おなかすいたー。　　　　　I'm hungry.
　　つかれたー。　　　　　　　I'm tired.
　　今日はいそがしい。　　　　I'm busy today.

答 　**You're** good!

　英語では「だれが」を表すことば（主語）で文を始めるので，ここでは「あなたは上手です！」のように言います。

　you're は「あなた」を表す you と，「イコール」を表す are をくっつけたことばです。「イコール」を表すことばは，I のときは am，you のときは are です。

例　（あなたの）言うとおり。　　You're right.
　　遅刻ですよ！　　　　　　　You're late!
　　お料理，上手ですね！　　　You're a great cook!
　　あなた天才！　　　　　　　You're a genius!

02 ぼくらは…。

トモキは，飼い犬のムギのことが大好き。
友達に「こんなところにまで連れてくるの？」と聞かれました。

問 「ムギとぼくはいつもいっしょなんだ。」を 　**Question**
英語で言うと？

A Mugi and I am always together.
B Mugi and I are always together.
C Mugi and I is always together.

1分考えて 答えが決まったら 次のページへ

答 **B** Mugi and I are always together. `041`

　「○○は～です。」と言うときは，「○○は」にあたることば（主語）によって🎧 am・are・is を使い分けます。I のときは am で，you のときは are でしたね。I でも you でもない単数の主語には is を使います。

　注意すべきなのは，主語が2人以上，または2つ以上（複数）のときです。主語が複数のときは are を使います。この問題は Mugi and I の I につられて am を使いたくなりますが，Mugi and I は2人。複数なので are を使います。

am・are・is のどれを使うか　早わかり表 `042`

1人 または 1つ（単数）

「○○は」	主語	イコール	
私 »	I	am	
あなた »	You	are	
ケン »	Ken		
私の犬 »	My dog		
これ »	This	is	～.
彼 »	He		
彼女 »	She		
それ »	It		

2人以上 または 2つ以上（複数）

「○○は」	主語	イコール	
私たち »	We		
あなたたち »	You		
ケンと私 »	Ken and I		
私の犬たち »	My dogs		
これら »	These	are	～.
彼ら »	They		
彼女ら »			
それら »			

03 推しキャラ

サヤは大好きなキャラクターのグッズをつねに身に着けています。
このキャラのすばらしさを，海外から来た友達にも布教することにしました。

かわいいでしょ！

はい，アナタの分♪

Question

問 「私はこのキャラクターが好きです。」を
英語で言うと？

A I like this character.

B I'm like this character.

1分考えて 答えが決まったら 次のページへ

答 **A** I like this character.

Answer
043

「歩く」「走る」などを動詞というのでしたね。「歩くゥー」のように，日本語で「ウー」になるのが動詞です（→ p.50）。like は「好きだ」という意味ですが，「好むゥー」になるので動詞ですね。

　動詞には，イコールを表す am・are・is はつけません。am・are・is も動詞の一種（be 動詞といいます）なので，動詞は 1 つだけ使えばいいからです。

　ちなみに like には「好む」という動詞のほかに，同じスペルの別な単語があります。その like は「〜のような」という意味なので，I'm like 〜. は「私は〜のようです。」という意味になります。I'm like this character. だと「私はこのキャラに似ています。」という意味になるので注意しましょう。

知ってる？

I に am をつけるか，つけないか　早わかり

044

動詞を使うなら
am（be 動詞）はつけない

・I **like** tennis.
　　動詞
　　　　　　（私はテニスが好きです。）

・I **walk** to school.
　　動詞
　　　　（私は学校に歩いて行きます。）

・I **speak** Japanese.
　　動詞
　　　　　（私は日本語を話します。）

「私 イコール ○○」なら
am をつける

・I **am** Saya.
　　イコール
　　　　　　　　（私はサヤです。）

・I **am** happy.
　　イコール
　　　　　　　（私はうれしい。）

・I **am** in Tokyo.
　　イコール
　　　　　　　（私は東京にいます。）

like・walk・speak などは動詞（「一般動詞」といいます）。am・are・is も動詞（イコールを表す「be 動詞」）です。1 つの文に動詞は 1 つでよいので，× I'm like tennis. とは言いません。

04 何する？

カイは何人かの友達といっしょにビーチにやって来ました。
みんなやりたいことがバラバラです。

問 それぞれ英語で言うと？

①バレーボールしよう！

Let's | volleyball / play volleyball |！

②泳ごう！　　Let's | swim / swimming |！

③走ろう！　　Let's | run / running |！

·1分考えて 答えが決まったら 次のページへ

答 ① Let's $\boxed{\text{play volleyball}}$!

② Let's $\boxed{\text{swim}}$!　③ Let's $\boxed{\text{run}}$!

Let's go! は「行こう！」。let's は「〜しよう」という意味ですが，大事なルールがあります。それは，let's のあとには動詞の原形（そのままの形）がくるということ。let's のすぐあとに，名詞（volleyball など）や，動詞の ing 形を言ってはいけません。

ちなみに，「〜できる」という意味のことばである can にも同じルールがあります。can のあとには動詞の原形（そのままの形）を言います。「バレーボールができます。」なら I can play volleyball. で，「泳げます。」なら I can swim. です。can は動詞といっしょに使うことばなので助動詞といいます。

知ってる？

let's と can のルールは「動詞をそのまま」言う

046

Let's 〜 .（〜しよう。）

●「料理しよう。」 ＊料理する：動詞 cook
　○ **Let's cook.**
　　　　動詞そのまま
　× Let's cooking.

●「バレーボールをしよう。」 ＊（スポーツを）する：動詞 play
　○ **Let's play volleyball.**
　　　　　動詞そのまま
　× Let's volleyball.

●「泳ごう。」 ＊泳ぐ：動詞 swim
　○ **Let's swim.**
　　　　動詞そのまま
　× Let's swimming.

I can 〜 .（私は〜できます。）

●「私は料理ができます。」
　○ **I can cook.**
　　　　動詞そのまま
　× I can cooking.

●「私はバレーボールができます。」
　○ **I can play volleyball.**
　　　　　動詞そのまま
　× I can volleyball.

●「私は泳げます。」
　○ **I can swim.**
　　　　動詞そのまま
　× I can swimming.

ノゾミは近所のおばあさんと仲良し。
家に遊びに行くと，いつもたくさん食べ物を出してくれます。

> デザートも
> 頼む？

Question

問 「あんまりおなかはすいてないんです。」を
英語で言うと？

A I'm not very hungry.
B I don't very hungry.

1分考えて 答えが決まったら 次のページへ

答 **A** I'm not very hungry.

「〜ではありません。」「〜しません。」のような文を否定文といいます。否定文には2つのパターンがあります。

walk・play・like などのふつうの動詞（一般動詞）は，I don't のあとに動詞を言うと「私は〜しません。」という否定文になります。ちなみに，don't は do not を短縮した形ですが，ふつうは don't を使います。

これに対して，be 動詞（am・are・is）の場合は don't を使いません。be 動詞のあとに not と言うだけです。「とてもおなかがすいています。」は I'm very hungry. で，「あまりおなかがすいていません。」は I'm not very hungry. です（very は否定文だと「あまり（〜ない）」の意味になります）。

知ってる？

I don't か I'm not か　早わかり

048

ふつうの動詞を使うなら I don't 〜 .

· I **don't** like tennis.
　　　　　動詞
　（私はテニスが好きではありません。）

· I **don't** drink milk.
　　　　　動詞
　（私は牛乳は飲みません。）

· I **don't** speak Chinese.
　　　　　動詞
　（私は中国語を話しません。）

I'm 〜 . の否定文なら I'm not 〜 .

· I'm **not** Saya.
　　　　イコール
　（私はサヤではありません。）

· I'm **not** tired.
　　　　イコール
　（私はつかれていません。）

· I'm **not** a teacher.
　　　　イコール
　（私は先生ではありません。）

これらを混同して「〜が好きではありません。」を ×I'm not like 〜 . と言ったり，「おなかがすいていません。」を ×I don't hungry. と言ったりしないようにしましょう。

06 あなたは…。

ヤスヒコがお店に入ると，以前にお世話になった英語の先生が。
転職したとは聞いていたのですが…。

問 「今はここで働いてるんですか？」を
英語で言うと？

Question

A Are you work here now?
B Do you work here now?
C You work here now?

1分考えて 答えが決まったら 次のページへ

答 **B** Do you work here now? または **C** You work here now?

　質問する文を疑問文といいます。疑問文には２つのパターンがあります。

　walk・play・like などのふつうの動詞は，**Do you** のあとに動詞を言うと「あなたは〜しますか。」という疑問文になります。「あなたは今はここで働いているんですか。」は，**B** Do you work here now? です。

　これに対して，「あなたは〜ですか。」は，be 動詞を先に言って **Are you 〜？** とします。「あなたはおなかがすいていますか。」は Are you hungry? です。

　ウラ技ですが，疑問文ではないふつうの文をそのまま，最後の音程を上げて言うだけでも質問できます。**C** は You work here now? ♪ と最後を上げて言うことで，「（え？）ここで働いてるんですか？」のような質問になります。実際に働いている相手を見ておどろいたときなどに使います（ただし，文法的には疑問文とはいえないので，学校のテストで書くのはやめておきましょう）。

知ってる？

Do you 〜 ？ か Are you 〜 ？ か　早わかり

050

ふつうの動詞を使うなら **Do you 〜 ？**	「あなたイコール○○？」なら **Are you 〜 ？**
・**Do you** like tennis? 動詞 （あなたはテニスが好きですか。）	・**Are you** Saya? be 動詞 （あなたはサヤですか。）
・**Do you** live here? 動詞 （あなたはここに住んでいますか。）	・**Are you** tired? be 動詞 （あなたはつかれていますか。）

　これらを混同して「〜が好きですか。」を ×Are you like 〜 ？ と言ったり，「つかれていますか。」を ×Do you tired? と言ったりしないようにしましょう。

07 a と the

マユコは中学校の先生ですが，とても若く見られます。
今日も新任の先生に，生徒とまちがわれました。

Hey! チコク！

問 「私は先生です。」を英語で言うと？　**Question**

A I'm teacher.　　　**B** I'm a teacher.
C I'm the teacher.

1分考えて 答えが決まったら 次のページへ

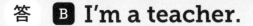

答 **B** I'm a teacher.

Answer
051

　teacher（先生）のように「1人・2人…」「1つ・2つ…」と数を数えられる名詞は，a や the をつけずにそのままの形で使うことはできません。× I'm teacher. はまちがった英語です。

　特に文脈もなく，単純に「私は（生徒ではなく）先生です。」と言いたいときは，a を使って I'm a teacher. と言います。

　I'm the teacher. は，「私がその（クラスを担当する）先生です。」と言いたいときなどに使います。話の流れやシチュエーションから，「どの先生の話をしているか」が聞き手にもわかるとき，「その」「例の」の意味で使うのが the です。the には this（この）や that（あの）と似た働きがあり，「どれなのか」を特定します。

知ってる？

a と the のちがい 早わかり

052

●「どの○○か」を
　特定しないのが a

I'm **a** teacher.
（私は〈ある1人の〉先生です。）

I want **a** bike.
（私は〈どれがいいか決まってないけど，何か1台の〉自転車がほしい。）

Please open **a** window.
（〈どれでもよいが，どれか1つの〉窓を開けてください。）

△ My father is in **a** kitchen.
（父は〈どこかはわからないが，どこかの〉台所にいます。）

●特定の「どの○○」をさしているのか，
　おたがいにわかるときは the

I'm **the** teacher.（私がその〈クラスを担当する〉先生です。）

I want **the** blue bike.
（私は〈さっき話に出てきた，その〉青い自転車がほしい。）

Please open **the** window.
（〈目にしている，ほかでもないその〉窓を開けてください。）

My father is in **the** kitchen.
（父は〈自分の家のいつもの〉台所にいます。）

08 a と an

ユウキが歩いていると，「あれは何だ?!」という声が。
人々が上空を指さしてさわいでいます。

Question

問	それぞれに入るのは，a と an のどっち？

① 「りんごです。」　　It's ｜ a / an ｜ apple.

② 「空飛ぶりんごです。」　It's ｜ a / an ｜ flying apple.

③ 「UFO です。」　　It's ｜ a / an ｜ UFO.

1分考えて 答えが決まったら 次のページへ

① It's | **an** | apple.

答 ② It's | **a** | flying apple.

③ It's | **a** | UFO.

　母音の前では a のかわりに an を使います。母音というのは「あいうえお」に近い音のことです（それ以外は子音といいます）。たとえば，apple（りんご）は母音で始まるので，×a apple ではなく an apple です。

　a を使うか an を使うかは，そのすぐあとの発音で決まります。flying apple（空飛ぶりんご）は，flying が子音で始まるので，an ではなく a flying apple となります。

　UFO は最初の文字が U ですが，発音は「ユーエフォウ」です。母音（あいうえおに近い音）で始まるわけではないので，×an UFO ではなく a UFO です。

知ってる？

a と an，どっちをつける？
054

すぐあとの発音が母音でなければ a

・a movie（映画）
　子音

・a small apple（小さなりんご）
　子音

・a uniform（制服・ユニフォーム）
　子音 [ユーニフォーム]

・a hamburger（ハンバーガー）
　子音

すぐあとの発音が母音なら an

・an apple（りんご）
　母音

・an old movie（古い映画）
　母音

・an umbrella（かさ）
　母音 [アンブレラ]

・an hour（1時間）
　母音 [アウァ] ※ h は発音しない

　an は，次の単語の母音とつなげて発音するのが自然です。an apple は「アン・エァポオ」のように区切るのではなく，「アネァポオ」のように言います。

09 長寿の秘けつ

フミコのおばあちゃんは，もうすぐ120歳ですがとても元気です。
海外の取材陣に長寿の秘けつを聞かれたときも，
クールに答えていました。

> アイ エブリデー
> コーヒー ドリンク

問 自然な英語に並べかえると？　　　　　　**Question**

「私は毎日コーヒーを飲みます。」

I day ／ coffee ／ every ／ drink .

1分考えて 答えが決まったら 次のページへ

答 I drink coffee every day .

　英語の文は，「○○は」という主語を最初に言い，そのすぐあとに動詞を言います。話し手が I（私は）と言って話し始めたら，聞き手は動詞を待っています。

　「コーヒーを飲む」の coffee や「英語を勉強する」の English のように「〜を」にあたることばを，動詞の目的語といいます。目的語は動詞のすぐあとに言います。

　まず「主語→動詞→目的語」の順で言ったあとで，それ以外の情報があれば，うしろにつけ加えていくというのが英語の文の基本パターンです。日本語とのちがいを整理しましょう。

知ってる？

日本語と英語の語順のちがい

056

○○は	いつ・どこでなど	何を	〜する
（日本語）私は	毎日	コーヒーを	飲みます。
私は	図書館で	英語を	勉強します。
私は	夕食後に	宿題を	します。

○○は（主語）	〜する（動詞）	何を（目的語）	いつ・どこでなど（修飾語句）
（英語）I	drink	coffee	every day.
I	study	English	in the library.
I	do	my homework	after dinner.

　every day のような修飾語句は最後に言うのが基本ですが，特に強調したいときなどは Every day, I drink coffee. のように言うこともあります。

10 複数のなやみ

トシアキは，家にねずみが複数出るようになったので，
飼っていたねこを2匹に増やしました。
数が増えると英語はどうなるのか，気になっています。

Question

問 **正しい複数形はどっち？**

A **a cat** → **two cats**
（1匹のねこ） （2匹のねこ）

B **a mouse** → **a lot of mouses**
（1匹のねずみ） （たくさんのねずみ）

1分考えて 答えが決まったら 次のページへ

答　A　two cats

「1つ・2つ…」と数えられる名詞は，2つ以上あるときには複数形にします。

複数形にするには，ふつうは 🔊 cat → <u>cats</u> のように s をつけます。

ただし，いくつか不規則に変化する名詞があります。たとえば，🔊 mouse（ねずみ）の複数形は，×mouses ではなく 🔊 <u>mice</u> になります。

また，🔊 a fish（1匹の魚）→ two <u>fish</u>（2匹の魚）のように，単数でも複数でも形が変わらないものもあります。

知ってる？

いろいろな複数形

058 🔊

単数形		複数形	単数形		複数形
man（男の人）	»	men	fish（魚）	»	fish
woman（女の人）	»	women 発音は [wímɪn **ウィミン**]	sheep（ひつじ）	»	sheep
			deer（しか）	»	deer
			mouse（ねずみ）	»	mice
child（子ども）	»	children	goose（がちょう）	»	geese
foot（足）	»	feet	yen （円〈通貨〉）	»	yen
tooth（歯）	»	teeth			

yen は単数でも複数でも同じ形ですが，dollar（ドル）の複数形には s をつけます。

1円	… one yen	100円	… one hundred yen
1ドル	… one dollar	100ドル	… one hundred dollars

11 いくらあっても…

アカネは将来お金持ちになるために，まじめに勉強してみることにしました。
たくさんの宿題をしながら，
お金がたくさんあるとどうなるのか，気になっています。

Question

| 問 | 正しい形はどっち？ |

①たくさんの宿題 　　 **A** a lot of homework
　　　　　　　　　　 B a lot of homeworks

②たくさんのお金 　　 **A** a lot of money
　　　　　　　　　　 B a lot of moneys

1分考えて 答えが決まったら 次のページへ

答
① A a lot of homework
② A a lot of money

　英語には，「1つ・2つ…」のようには数を数えられない名詞があります。たとえば water（水）は数えられません。水には「どこからどこまでが1つ」という区切りがないからです。何かの容器に入れない限りは，水という物質を「1つ・2つ…」と数えることはできません。数えられない名詞の形は変わりません。

　water 以外にも数えられない名詞があります。たとえば, homework（宿題）は数えられません。これは1つ1つの課題をさすことばではなく，「家でやらないといけないワーク類全般」のような，全部ひっくるめたカタマリを表すことばだからです。「大量の宿題」は×a lot of homeworks ではなく a lot of homework です。また，money（お金）も数えられません。1枚1枚のお札やコインをさすことばではなく，それら全部をひっくるめたカタマリとしての「お札やコイン類全般」を表すことばだからです。

知ってる？

数えられない名詞たち（a をつけず，複数形もない）

●決まった形のない，液体・素材・食材など
water（水）　milk（牛乳）　wood（木材）　paper（紙）
chicken（とり肉）　beef（牛肉）　bread（パン）　rice（米）

●そのほか，「1つ，2つ…」と数えずに，全体としてとらえるもの
time（時間）　money（お金）　work（仕事）　homework（宿題）
information（情報）　baggage（手荷物類）　furniture（家具類）

　表す意味が変わると，数えられる名詞になることもあります。
a chicken（〈1羽の〉ニワトリ）　many times（何回も・何度も）

12 犬派? ねこ派?

カズヒロが道を歩いていたら，動物好きのおじさんと出会いました。
犬派かねこ派か聞かれたので伝えましょう。

Question

問 「私は犬が好きです。」を英語で言うと?

Ⓐ I like dog.
Ⓑ I like a dog.
Ⓒ I like dogs.

1分考えて 答えが決まったら 次のページへ

答 **C** I like dogs.

「1つ・2つ…」と数えられるものについて、「〜が好きだ」と言うときは、ふつう複数形にします。dog は数えられるので、×I like dog. とは言いません。複数形にすることで、「犬たち全般」が好きだ、という意味になります。

一方、coffee（コーヒー）のように数えられないものについて「〜が好きだ」と言うときは、名詞はそのままの形で I like coffee. のように言います。

ちなみに、「私は犬派です。」は I'm a dog person. と言うこともあります（person は「人」という意味）。「ねこ派」なら I'm a cat person です。

知ってる？

「○○が好きです」の言い方

062

●**動物** …複数形にする
ねこ：I like **cats**.　　うさぎ：I like **rabbits**.　　馬：I like **horses**.

●**スポーツ** …そのままの形を使う（数えられない）
サッカー：I like **soccer**.　　テニス：I like **tennis**.

●**果物** …多くは複数形にする
りんご：I like **apples**.　　もも：I like **peaches**.
メロン：I like **melon**.（まるごと食べられないものは複数形にしない）

●**「1つ・2つ…」と数える食べ物** …複数形にする
ハンバーガー：I like **hamburgers**.　　サンドイッチ：I like **sandwiches**.

●**決まった形のない食べ物** …そのままの形を使う（数えられない）
とり肉：I like **chicken**.　　チョコレート：I like **chocolate**.
チーズ：I like **cheese**.

●**料理のジャンル** …複数形にしない
和食：I like Japanese **food**.　　イタリアン：I like Italian **food**.

13 うちのおじさんの話

ナツコはこの夏，ハワイに3週間遊びに行きます。
「どうしてそんなに長くいられるの？」と聞かれたので，
プロサーファーのおじさんがいることを明かしましょう。

問 「私^{わたし}のおじさんはハワイに住んでいます。」を
英語で言うと？

Question

A My uncle live in Hawaii.
B My uncle lives in Hawaii.
C My uncle is live in Hawaii.

1分考えて 答えが決まったら 次のページへ

答 B My uncle lives in Hawaii.

　英語の文は，「○○は」という主語を最初に言い，そのすぐあとに動詞を続けるのでしたね。主語が単数（1人・1つ）のときは，動詞に s をつけます。my uncle（私のおじ）は単数なので，動詞 live に s をつけて lives にします。

　I と you だけが例外で，単数でも s をつけなくていいのです。

　be 動詞（am・are・is）の使い分けは p.62 を見てください。

知ってる？

s をつけるかつけないか，早わかり表

064

1人 または 1つ（単数）

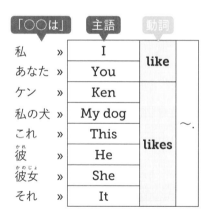

2人以上 または 2つ以上（複数）

　likes などの s のついた動詞の形は 3 単現と呼ばれます。文法用語では「私・私たち」のことを 1 人称，「あなた・あなたたち」を 2 人称，それ以外をすべて 3 人称と呼び，主語が 3 人称で単数のときの現在形が 3 単現です。

14 よそのおじさんの話

目標時間

1分

トシヒロの友達は，なんと世界的映画監督のめいっ子だそうです。
スターであるおじさんについて，根掘り葉掘り質問しましょう。

Question

問 「あなたのおじさんはプライベートジェットを
持っていますか。」を英語で言うと？

A Do your uncle has a private jet?
B Does your uncle have a private jet?
C Does your uncle has a private jet?

1分考えて 答えが決まったら 次のページへ

B Does your uncle have a private jet?

　主語が I と you 以外の単数（1人・1つ）のときは，動詞に s をつけるのでしたね（→ p.84）。「私のおじはプライベートジェットを持っています。」なら，🔊 My uncle has a private jet. です（have は例外的に ×haves ではなく has という形になります）。

　しかし，疑問文（→ p.70）と否定文（→ p.68）の中では，動詞は s をつけないそのままの形を使います。動詞の形を変えないかわりに，do が does に変化するのです。

知ってる？

疑問文と否定文 早わかり

066

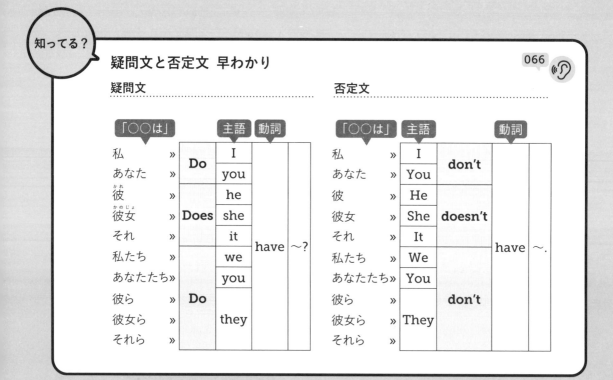

疑問文					否定文				
「○○は」		主語	動詞		「○○は」		主語		動詞
私	»	**Do**	I		私	»	I	**don't**	
あなた	»		you		あなた	»	You		
彼	»		he		彼	»	He		
彼女	»	**Does**	she	have ～?	彼女	»	She	**doesn't**	have ～.
それ	»		it		それ	»	It		
私たち	»		we		私たち	»	We		
あなたたち	»		you		あなたたち	»	You		
彼ら	»	**Do**			彼ら	»		**don't**	
彼女ら	»		they		彼女ら	»	They		
それら	»				それら	»			

15 何が好き？

カオリの知り合いの小さな子が，一心不乱に動物図鑑を読んでいます。
声をかけてみましょう。

まばたき
するのよー

Question

問 「何の動物が好き？」を英語で言うと？

A What do you like animal?
B What animal do you like?
C What's animal do you like?

1分考えて 答えが決まったら 次のページへ

What animal do you like?

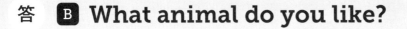

Answer
067

　「あなたは動物が好きですか。」は 🔊 Do you like animals? ですが，「あなたは何の動物が好きですか。」は 🔊 What animal do you like? です。「何の動物」を表す <u>what animal</u> を最初に言って，do you like（あなたは好きですか）を続けます。🔊 What animals do you like? のように，what のあとの名詞を複数形にしてたずねるときもあります（一般に，2つ以上の答えが予想されるときには複数形を使います）。

　what には 🔊 What's your name?（あなたの名前は何ですか。）のように「何」という意味と，この What animal 〜? のように「何の」という意味があります。

知ってる？

まちがえやすい疑問文

068

●「〜は何ですか」 … What's 〜?（What's は What is の短縮形）
What's[=What is] your name?（あなたの名前は何ですか。）
What's[=What is] your favorite animal?
　　　　　　　　　　　（あなたのいちばん好きな動物は何ですか。）

●「何の○○〜」 … What ○○ 〜?（この What は「何の」という意味）
What animal(s) do you like?（あなたは何の動物が好きですか。）
What sport(s) do you like?（あなたは何のスポーツが好きですか。）
What kind of music do you like?（あなたはどんな種類の音楽が好きですか。）

●「〜はだれですか」 … Who's 〜?（Who's は Who is の短縮形）
Who's that?（あちらはだれですか。）

●「だれの○○〜」 … Whose ○○ 〜?（Whose は「だれの」という意味）
Whose pen is this?（これはだれのペンですか。）

16 彼女たち

ヤスヒトは友達から，最近気になっているという
アイドルグループの動画を見せられました。
彼女たちはまさに，ヤスヒトが推しているグループでした。

問 「私は彼女たちのことが大好きです。」を
英語で言うと？

Question

A I love they.　　**B** I love them.
C I love hers.

1分考えて 答えが決まったら 次のページへ

答　B I love them.

　I（私は）や he（彼は）・she（彼女は）のように，名詞のかわりに使われることばを代名詞といいます。

　I・he・she などの代名詞は，文中での働きによって形が変化します。たとえば「私は」は I ですが，「私の」なら my，「私を」「私に」なら me という形になります。日本語には「は」「の」「を」「に」のような助詞がありますが，英語には助詞がないので，そのかわりに形が変わると考えましょう。

　「私は彼女たちのことが大好きです。」は I love them. です。them は，複数の人やものを表す代名詞 they（彼らは・彼女らは・それらは）が変化した形です。

知ってる？

代名詞の形　早わかり

070

単数（1人・1つ）	～は・～が	～の	～を・～に	複数（2人以上・2つ以上）	～は・～が	～の	～を・～に
私 »	I	my	me	私たち »	we	our	us
あなた »	you	your	you	あなたたち »	you	your	you
彼 »	he	his	him	彼ら »			
彼女 »	she	her	her	彼女ら »	they	their	them
それ »	it	its	it	それら »			

　「～を・～に」の形は，動詞のあとや，前置詞（to・with など）のあとで使います。

・I love him.（私は彼を愛しています。）

・Let's write a letter to them.（彼女らに手紙を書きましょう。）

17 ばれた！

アスカは英語の授業中，おなかがすいたので早めにお弁当を食べていたら，何をやっているのかと先生に聞かれました。

問 「私は昼食を食べています。」を英語で言うと？ **Question**

A I have lunch.
B I having lunch.
C I'm having lunch.

1分考えて 答えが決まったら 次のページへ

答 C I'm having lunch.

「今〜しているところです（〜しています）。」は，am・are・is のあとに動詞の ing 形を続けます。この形を現在進行形といいます。「私は（今，）昼食を食べています。」は，I'm having lunch. です。

I have lunch. の動詞の形は現在形といいます。現在形は，今している最中のことを表すのではなく，いつもくり返ししている習慣的なことを言うときに使います。I have lunch. は「今，昼食中です。」ではなく，「私は昼食を食べます（お昼は抜かずに食べる派です）。」という意味です。

知ってる？

現在形と現在進行形のちがい

072

現在形（〜します〈習慣など〉）

· I have lunch.
　　動詞
　（私は昼食を食べます〈食べる派です〉。）

· I play tennis.
　　動詞
　（〈趣味を聞かれて〉私はテニスをします。）

· I don't watch TV.
　　　　　動詞
　（私はテレビを見ません〈見ない派です〉。）

· Do you drive?
　　　　動詞
　（あなたは運転しますか〈免許を持っていますか〉。）

現在進行形（〜しているところです）

· I'm having lunch.
　be 動詞　ing 形
　（私は〈今〉昼食を食べているところです。）

· I'm playing tennis.
　be 動詞　ing 形
　（私は〈今〉テニスをしているところです。）

· I'm not watching TV.
　be 動詞　　ing 形
　（私は〈今〉テレビを見ているところではありません。）

· Are you driving?
　be 動詞　ing 形
　（あなたは〈今〉運転中ですか。）

18 ショッピングです

ユウミは先輩に，この前の週末に何をしたか聞かれました。
コスプレをして大量のマンガを買いに行ったのですが，簡潔に答えておきましょう。

なんのコスプレ？

COMIC STORE

COMIC STORE

問 「私はショッピングに行きました。」を英語で
言うと？

Question

A I was go shopping.
B I went shopping.
C I was went shopping.

1分考えて 答えが決まったら 次のページへ

答 **B** **I went shopping.**

Answer
073

　過去のことを言うときは，動詞を過去形にします。go（行く）の過去形は went なので，「私はショッピングに行きました。」は I went shopping. です。

　過去形は，enjoy（楽しむ）→ enjoyed（楽しんだ）のように ed で終わる形にするのが基本ですが，そのほか不規則に変化する動詞もたくさんあります。

知ってる？

よく使う過去形 早見表

074

●〜 ed になるパターン

原形（もとの形）	過去形
enjoy（楽しむ）	» enjoyed
look（見る）	» looked
play（〈スポーツなどを〉する）	» played
talk（話す）	» talked
visit（訪れる）	» visited
work（働く）	» worked
live（住む，生きる）	» lived（d だけをつける）
stop（やめる, 止まる）	» stopped（p を重ねる）
study（勉強する）	» studied（y を i に変える）

● be 動詞

am	» was
is	» was
are	» were

●不規則に変化するパターン

原形（もとの形）	過去形
come（来る）	» came
do（〈宿題などを〉する）	» did
eat（食べる）	» ate
get（手に入れる）	» got
give（与える）	» gave
go（行く）	» went
have（持っている）	» had
leave（去る）	» left
make（作る）	» made
read（読む）	» read（発音は[red レド]）
say（言う）	» said（発音は[sed セド]）
take（取る）	» took

19 楽しみましたか？

目標時間

1分

セイヤの英語の先生はきのう，生まれて初めてカラオケに行ったそうです。
楽しかったかどうか聞いてみましょう。

問 「楽しみましたか？」を英語で言うと？ **Question**

A Did you enjoy it?

B Did you enjoyed it?

C Were you enjoyed it?

1分考えて 答えが決まったら 次のページへ

答 **A** Did you enjoy it?

　「あなたは～しましたか。」という過去の疑問文は，**Did you** のあとに動詞を言います。動詞は過去形にせず，もとの形を使うのがポイントです。**Did**（**do** の過去形）が「過去の質問ですよ」という合図なので，そのあとの動詞は過去形にしません。

　「楽しみましたか。」と聞きたくて×**Did you enjoyed** ～? と言ったり，「行きましたか。」と聞きたくて×**Did you went** ～? と言ったりしてしまうミスが多いので気をつけましょう。**Did you enjoy** ～? や **Did you go** ～? が正しい形です。

　「私は～しません。」という過去の否定文は，**I didn't** のあとに動詞を言います。疑問文と同じく，動詞は過去形にせず，もとの形を使います。

　be 動詞（am, are, is）は，**be** 動詞を過去形（was, were）にするだけです。

知ってる？

過去の疑問文と否定文
076

●「～しましたか。」（疑問文）

・Did she come?
　　　　　　　動詞
（彼女は来ましたか。）

●「～でしたか。」（be 動詞の疑問文）

・Were you tired?
are の過去形
（あなたはつかれていましたか。）

・Was he busy?
is の過去形
（彼はいそがしかったですか。）

●「～しませんでした。」（否定文）

・She didn't come.
　　　　　　　動詞
（彼女は来ませんでした。）

●「～ではありませんでした。」(be 動詞の否定文)

・I wasn't tired.
am の過去形
（私はつかれていませんでした。）

・He wasn't busy.
is の過去形
（彼はいそがしくありませんでした。）

Conversation

077 ～ 097

第 **4** 章　英会話のリアル

会話のやりとり
のリアルに
触れる

01 そこのあなた！

空港でトシユキの前を歩いていた高齢の男性が何かを落としました。
男性は気づかずに行ってしまいそうです。

Question

問 名前を知らない大人の男性に呼びかけるときの
第一声としてふさわしいのはどれ？

Ⓐ **Hey, you!**　　Ⓑ **Hey, man!**
Ⓒ **Excuse me!**　Ⓓ **Gentleman!**

1分考えて 答えが決まったら 次のページへ

答 **C** Excuse me! がふつう

知らない人に呼びかけるときの第一声として，いちばん無難なのは Excuse me.（すみません。）です。

名前を知らない大人の男性には，🔊 Sir!（そこの方！／お客様！）と呼びかけることもあります。店員や係員がよく使うていねいな言い方です。

知らない人への呼びかけで You! や Hey, you! などと言うと，「お前！」のように聞こえます。とても失礼にあたるので，絶対にやめましょう。

Hey, man! は親しい仲間どうしで使われるあいさつで，「よう！」のようななれなれしい感じです。こちらも，知らない人には使いません。

なお, gentleman は「紳士」という意味です。聴衆に呼びかけるときなどは，複数形で Gentlemen!（男性のみなさん！）と言うことはありますが，１人の男性への呼びかけに使うことはありません。

知ってる？

いろいろな呼びかけのことば

078

- ・sir   » 名前を知らない男性に対して使います（ていねい）。

- ・ma'am   » 名前を知らない女性に対して使います（ていねい）。

- ・guys   » 「みんな」「君たち」「お前たち」のような意味で，親しい人たちに呼びかけるときに使います。guy は本来は男性をさしますが，guys は男女問わず使われます。

- ・ladies and gentlemen   » 「紳士・淑女のみなさん」のような意味で，聴衆に呼びかけるときなどに使います。近年は，男女を区別しない everyone（みなさん）などの言い方のほうが好まれます。

02 あっすみません！

コズエが荷物をたくさんかかえてビルに入ろうとしたら，
前を歩いていた男性(だんせい)がドアを開けて，ずっと待っていてくれました。
親切な男性に，笑顔(えがお)で一声かけましょう。

Question

問　この男性に「すみません。」と言うなら？

A I'm sorry.

B Thank you.

C Excuse me.

> **1分考えて 答えが決まったら 次のページへ**

答　感謝を伝える **B** **Thank you.** がおすすめ

　見知らぬ人にドアを開けてもらったときや，エレベーターのドアを開けて待っていてもらったときなど，日本語では「あっすみません！」と言うことがあります。申し訳ないような，感謝のような気持ちを伝える便利なことばです。しかし英語では，お礼の気持ちを伝えるときには **Thank you.**（ありがとう。）を使います。英語の Excuse me. には「感謝」の意味はありません。

　日本語の「すみません。」は，実は ①感謝 ②呼びかけ ③謝罪の大きく３つの場面で使われます。英語ではこれらの場面に応じて，表現を使い分けましょう。

知ってる？

いろいろな「すみません。」

080

●**お礼・感謝の「すみません。」**

　・Thank you.　　・I appreciate it.（感謝します。）など

●**呼びかけの「すみません。」**

　・Excuse me.　　・Sir!（男性に）　　・Ma'am!（女性に）

●**謝罪の「すみません。」**

　・I'm sorry.　…自分に非があって，相手に謝罪の気持ちを伝えたいときに使う。

　・Excuse me.　…自分に非がない軽い謝罪に使う。

　謝罪の Excuse me. は，自分が悪いことをしたわけではないときに使います。具体的には，人の前を通るときや，席を外すときなどです。また，うっかりせきこんだり，くしゃみが出たりしてしまったときにも使います。

　電車がゆれて，偶然に体が軽くぶつかってしまったときなどにも Oh, excuse me. と言います（ただしそのような場合，特に自分に非がなくても，Oh, I'm sorry. と言ってさっと謝ることも実際にはよくあります）。

03 聞いてますよ

マサノリの友達^{ともだち}が，好^すきなアイドルグループについて
熱心^{ねっしん}に英語で話してくれています。

問 聞く態度^{たいど}として，どれがいちばん適切^{てきせつ}？ **Question**

A 文の区切りで，できるだけ多く **Yes.** とあいづちを打つ

B 文の中で何度もうなずいて **I see.** と言う

C 相手の目を見てじっと聞く

1分考えて 答えが決まったら 次のページへ

答　基本は C 相手の目を見てじっと聞く

　英語で人と話すときは，アイコンタクトがとても大切です。目を見ないでやりとりすると不信感をいだかれることもあります。相手の目をじっと見ることが「私はあなたの話を聞いていますよ」というサインになります。

　目を見て聞きながら，適度にあいづちを打って反応を示すと，相手は話しやすくなります。しかし，あいづちは多ければよいわけではありません。

　英会話では，あまり細かくあいづちをはさみ過ぎないようにするのがおすすめです。理由の1つは，話をさえぎられていると感じる人がいるからです。また，せかされているように感じる人もいます。相手の意見に深く賛同していると誤解されたり，相手の頼み事を（そのつもりがなくても）OKしたと思われたりする危険性もあります。

　日本人が英語を話しているときも，英語圏の人は目を見てくれているはずです。あまり反応がないと不安になりますが，きちんと聞いてくれています。

知ってる？

英語のあいづち（乱発するのではなく，相手が話し終わったところで言うのがポイント。）081

- I see.（わかりました。）
- Oh, really?（へー！／そうなんだ！）
- That's interesting.（おもしろいですね。）
- That's great.（すごいですね。／よかったですね。）
- I'm surprised!（意外！）
- You're right.（そうですね。）
- That's true.（ほんとうにそうですね。）
- 〈I like ～. などの現在形を受けて〉　Oh, do you?（へえ，そうなんですか。）
- 〈I went ～. などの過去形を受けて〉　Oh, did you?（へえ，そうなんですか。）

- Uh-huh.（うんうん。）
- I know!（わかる！／わかります！）

04 え，なんて？

目標時間

1分

マサノリは友達の長い話をずっと聞いていましたが，
途中で聞きのがしたところがありました。

問　聞きのがしたときはなんと言うとよい？ Question

A I'm sorry?
B Please repeat.
C Once more, please.

1分考えて 答えが決まったら 次のページへ

答 **A** I'm sorry? がふつう

　相手の話は，途中でさえぎらないのがマナーです。しかし，聞きのがしてしまったときや，わからなかったときにはすぐに聞き返しましょう。そういう質問は歓迎されますし，話をさえぎっても問題ありません。

　聞きのがしたときは，最後を上げ調子にして **I'm sorry?** または **Sorry?**（すみません，なんと言いました?）と言いましょう。子どもや親しい人どうしでは 🔊 **What?**（何?）や 🔊 **What did you say?**（なんて言ったの?）と聞き返すこともありますが，少しぶっきらぼうな感じがするので避けましょう。🔊 **Please repeat.** や 🔊 **Once more, please.** は発音練習のときに先生が使うことがありますが，これらを日常会話で使うと「もう一度。」と命令しているようで，とても失礼です。

知ってる?

相手の言ったことがわからないときの英語
083

●**相手の話をちょっとストップして質問したいとき**
　・Can I interrupt?（話をさえぎってもいいですか。）
　・Sorry to interrupt.（話をさえぎってごめんなさい。）
　・Sorry, can I ask you something?（すみません，質問してもいいですか。）

●**聞きのがしたとき**
　・Sorry? ／ I'm sorry?（すみません，なんと言いました?）〈ふつうの言い方〉
　・What's that?（なんですって?）〈大人どうしで使われるややくだけた言い方〉
　・Excuse me?（失礼，なんとおっしゃいましたか?）〈やや改まった言い方〉
　・Pardon? ／ I beg your pardon?（もう一度よろしいですか。）
　　　　　　　　　　　　　　　　　　　　　　　　　　　　〈改まった言い方〉

●**理解できなかったので，もう一度言ってほしいとき**
　・Sorry, could you say that again?（すみません，もう一度言っていただけますか。）
　・Sorry, I couldn't catch that.（すみません，聞き取れませんでした。）

05 そのぼうし…

ヒロシがお気に入りのぼうしをかぶって海外旅行をしていたら,
通りすがりの人が声をかけてきました。

Question

問 **I like your hat.** と言われたら,
なんて答える?

A **Thanks!**　　　　　**B** **No, no!**
C **Not so good.**　　 **D** おじぎをしてやりすごす

1分考えて 答えが決まったら 次のページへ

答　謙遜せずに A Thanks! が好印象

　英語圏では，よく I like 〜. や I love 〜. の形で相手の服装などをほめます。友人はもちろん，初対面の店員にも 🎧 I like your hat. (すてきなぼうしですね。) などとほめられることがあります。ほめられたら笑顔で Thanks! や Thank you!(ありがとう。) と返しましょう。謙遜するつもりで No, no! などと返すと，相手のコメントをかたくなに否定するような，よくない印象を与えかねません。

　ほめる対象は，相手の服装や持ち物などが定番。明るい色の洋服や，派手なアクセサリー，個性的な髪型といった目立つポイントがあれば，それをほめることが多いです。その物自体をほめているというよりは，個性をオープンに表現する姿勢をほめているのかもしれません。

知ってる？

ほめ方のポイント

085

●**おすすめのほめ方** …相手が個性を表現している，おしゃれポイントをほめる

・I like your shirt. ／ Nice shirt! (すてきなシャツですね。)
・I like your shoes. ／ Nice shoes! (すてきなくつですね。)
・I like your nails. ／ Nice nails! (すてきなネイルですね。)
・I like your haircut. ／ Nice haircut! (すてきな髪型ですね。)

●**避けるべきほめ方** …相手の容姿・身体的特徴についてコメントする

△ You look young.(若く見えますね。)　△ Your face is small.(小顔ですね。)
△ You have long legs. (足が長いですね。)

　相手の容姿についてコメントすることは避けましょう。若く見えるほうがよい・顔が小さいほうがよいなどという価値観を相手がもっていない場合，相手の容姿をけなしていると誤解される場合さえあります。

06 がんばってね

ユカの友達が明日，大事な試験を受けるそうです。
その試験に向けてずいぶん勉強したとのこと。

問　「がんばってね。」はなんと言うのがよい？　Question

A Good luck!　　**B** Fight!
C Come on!　　**D** Never give up!

1分考えて 答えが決まったら 次のページへ

答 **A** Good luck! が自然

「がんばってね。」と言いたいとき，もっともよく使われる英語は Good luck!（幸運をいのっています！）です。日本語では「ファイト！」と言って元気づけることがありますが，英語の Fight! は「戦え！」という文字通りの意味であり，相手をはげますときには使いません。

また，スポーツ観戦などでは，「行け！」「もっとがんばれ！」という意味で試合中に Come on! と言って応援することがあります。ただし，テストをひかえた人などをはげますときには使いません。

Never give up! は「（今後何があっても）決してあきらめてはならない！」という強い意味合いで，熱血コーチなら言うかもしれませんが，「がんばってね。」のような一般的なはげましのことばとしては使われません。

知ってる？

はげます表現のニュアンスのちがい

087

- Good luck!（幸運をいのっています！）…「がんばって」と伝えたいときの，いろいろなシーンで無難に使える。
- Good luck with 〜.…「〜をがんばって」と具体的に伝えたいときに。
  » Good luck with your exam.（試験をがんばってください〈うまくいきますように〉。）
- Break a leg!（成功しますように！）…コンサートやプレゼンなどの「舞台」に出る人に。
- You can do it!（きっとできますよ！）…不安がっている相手をはげますときに。
- You got this!（だいじょうぶ，できるよ！）…友達などに使うくだけた言い方。
- Keep it up!（その調子でがんばれ！）…好調なペースを保ってほしいときに。
- Don't worry about it!（ドンマイ！）…うまくいかなかった相手をはげますときに。
  »「ドンマイ」の意味で×Don't mind. とは言わない。
  » Never mind. ははげましではなく，「気にしないで。」という意味。
- Better luck next time!（次はうまくいくよ！）…失敗した相手をはげますときに。

07 おいしい？

タカヒロは友達に日本の手料理をふるまっています。
自慢のＢ級グルメを気に入ってくれるでしょうか？

Question

問　おいしいかどうかたずねるには，
　　どう言うのがよい？

A Is it delicious?　　**B** Is it good?

C How is it?

1分考えて 答えが決まったら 次のページへ

答 **B** **Is it good?** または
C **How is it?** がおすすめ

088

　delicious は「とてもおいしい・すばらしくおいしい」という強い意味で，ほめるときに使う単語です。強いほめことばなので，自分の作った料理について **Is it delicious?**（すばらしくおいしいですか？）と聞くと，無理やりほめてほしいかのような変な感じがしてしまいます。**good** を使って **Is it good?** と聞くのがおすすめです。

　How is it?（どうですか。）や **How do you like it?**（気に入りましたか。）という形で，感想をたずねることもよくあります。

　ちなみに delicious は 1 語で「とてもおいしい・すばらしくおいしい」という意味を表すので，**very delicious** とはあまり言いません。

知ってる？

食べ物に一言
089

●食べる前に

・**Everything looks delicious.**（全部とてもおいしそうです。）
　*この **look** は「〜に見える」の意味。
・**This smells great!**（いいにおいです！）* **smell** は「〜なにおいがする」の意味。

●食べて一言

・**This is good!**（おいしいです！）
・**This is delicious! ／ This is really good!**（すごくおいしいです！）
・**This tastes great!**（すばらしい味です！）*この **taste** は「〜な味がする」の意味。
・**I love it!**（すごく気に入りました！）
・**Mmm, this is tasty.**（〈おもに料理について〉うーん，〈味つけが〉おいしいです。）
・**The soup is amazing!**（スープがすばらしいです！）

08 はい，好きじゃありません

目標時間 **1**分

トマト嫌_{ぎら}いのマイは，留学中_{りゅうがくちゅう}，ホストファミリーの家で
トマトジュースをがぶ飲みしていたらおどろかれました。

Question

問　**You don't like tomatoes, do you?**
（トマトは好きじゃないんだよね？）に対して，
「そうだけど，トマトジュースは大好_すき」と言うには？

A Yes, but I love tomato juice.
B No, but I love tomato juice.

1分考えて 答えが決まったら 次のページへ

答 **B** No, but I love tomato juice.

英語では，疑問文の形とは関係なく，答える内容が肯定であれば Yes，否定であれば No を使います。

🔊 You don't like tomatoes, do you?（トマトは好きではありませんよね？）という質問に対しては，「好きです」（肯定）なら Yes で答え，「好きではない」（否定）であれば No で答えます。

日本語の「いいえ，好きです。」「はい，好きではありません。」のような返事のしかたとは逆になるので注意しましょう。

知ってる？

トリッキーな疑問文たち

091

・You like tomatoes, don't you?（トマトは好きですよね？）
　—Yes, I do.　　（はい，好きです。）
　—No, I don't.　　（いいえ，好きではありません。）
・You don't like tomatoes, do you?（トマトは好きではありませんよね？）
　—Yes, I do.　　（〈いいえ，〉好きです。）
　—No, I don't.　　（〈はい，〉好きではありません。）
・He didn't come, did he?（彼は来ませんでしたよね？）
　—Yes, he did.　　（〈いいえ，〉来ました。）
　—No, he didn't.　　（〈はい，〉来ませんでした。）
・Aren't you sleepy?（ねむくはないのですか。）
　—Yes, I am.　　（〈いいえ，〉ねむいです。）
　—No, I'm not.　　（〈はい，〉ねむくはありません。）
・Do you mind?（〈許可を求めて〉かまいませんか。←気にしませんか）
　—No, not at all.　（かまいませんよ。←〈はい，〉気にしません）
　　＊mind は「気にする」という意味。

09 質問しよう

<ruby>質問<rt>しつもん</rt></ruby>しよう

目標時間

1分

アキラが日本の<ruby>観光<rt>かんこう</rt></ruby>地を一人旅していたら，英語を話す<ruby>女性<rt>じょせい</rt></ruby>と<ruby>相席<rt>あいせき</rt></ruby>になりました。少し話がはずんできたので，さらに質問してトークを盛り上げようと思います。自分と同い年くらいに見えますが…。

I like Japan!!

I ♡ AMERICA

問　質問するならどれがよい？

Question

A **How old are you?**（年はおいくつですか。）
B **Are you married?**（<ruby>結婚<rt>けっこん</rt></ruby>していますか。）
C **Are you here on vacation?**（旅行で来ているのですか。）

1分考えて 答えが決まったら 次のページへ

答 C Are you here on vacation?

How old are you? は中1で習う疑問文なのでつい使いたくなりますが，大人が初対面の人にたずねてもいい質問ではありません。初対面の相手に限らず，職場などで少し仲良くなった人に対しても，年齢を聞くのは避けたほうが無難です。

結婚しているかどうかなどのプライベートな質問も避けるようにしましょう。

知ってる?

避けたほうがよい質問たち

093

・How old are you?（何歳ですか。）
・Are you married?（結婚していますか。）／ Are you single?（独身ですか。）
・What's your religion?（宗教は何ですか。）
　…これらはプライベートな内容なので，質問は避けるようにしましょう。

・Who are you?（あなたはだれですか。）
　…直接的で，「お前はだれだ?」のように聞こえます。May I ask your name?（お名前をうかがってもよろしいですか。）のようにたずねましょう。

・What's your job?（仕事は何ですか。）
　…直接的で，取り調べや入国審査のように聞こえます。What do you do (for a living)?（お仕事は何をしていますか。）とたずねましょう。

・Why are you here?（なぜここにいるのですか。）
　…「何しに来たんだ」のように聞こえます。What brought you here? と言うのがおすすめです。

・Can you use chopsticks?（箸は使えますか。）
　… Can you ～? は能力の有無をたずねる言い方なので，ばかにされているように感じる人もいます。必要であれば，ふだん使っているかどうかを Do you ～? でたずねましょう。

10 気になってるサイン

目標時間

1分

アキラはその後，相席の女性といっしょに観光地をめぐることに。
相性がいいのか，仲良くなってきました。
女性から質問されます。

問 **What's your sign?** は何を聞かれている？ Question

A ニックネーム B イニシャル
C 星座 D 血液型

1分考えて 答えが決まったら 次のページへ

答 C 星座

Answer
094

　星座占いは英語圏でも比較的ポピュラーで，🔊 What's your sign? はふつう，星座を聞かれています。🔊 What's your zodiac sign?（あなたの星座は何ですか。）と聞かれることもあります。

　血液型は blood type といいますが，血液型による占いは，海外ではほとんど知られていません。

知ってる？

星座の英語

095

・おひつじ座	Aries	・てんびん座	Libra
・おうし座	Taurus	・さそり座	Scorpio
・ふたご座	Gemini	・いて座	Sagittarius
・かに座	Cancer	・やぎ座	Capricorn
・しし座	Leo	・みずがめ座	Aquarius
・おとめ座	Virgo	・うお座	Pisces

　「私は○○座です。」は，a / an をつけて，I'm an Aries.（おひつじ座です。）のように言います。

11 しばしお別れ

アキラと相席の女性は 1 日楽しくいっしょに観光し，すっかり仲の良い友達に。
3 日後に東京でまた会う約束をしました。
さびしいですが，今日はここでお別れです。

Question

問　あいさつはどれがベスト？

A See you around.　**B** See you then.
C Hope to see you again.

1分考えて 答えが決まったら 次のページへ

答 B **See you then.** がまた会う感じでベスト

　3日後にまた会うことを考えると,「じゃあまたそのときに。」という程度の軽い言い方である 🎧 **See you then.** や 🎧 **See you soon.** がおすすめです。

　🎧 **See you around.** は「じゃあまたどこかで。」のような意味で,次にいつどこで会うかわからないときに使う言い方です。もう会うか会わないかわからないような意味合いもあるので,この状況では使わないほうがよいでしょう。

　また,Hope to ～. は「～できたらいいな。」という希望を表すので,🎧 **Hope to see you again.** は「また(いつか)会えたらうれしいです。」という意味になります。これも,次に会う予定が決まっていない場合に使う言い方です。

知ってる？

「さようなら」のニュアンス
097

・Goodbye. (さようなら。)…別れのあいさつ。少し改まった言い方に聞こえることも。
・See you later. (じゃあまた。)
　…友達などにいつでも使える,無難な言い方。あとで会うことが決まっているときだけに使うわけではなく,次に会う約束がなくても問題なく使える。
・See you again. (また会いましょう。)
　…日常生活ではあまり使わない。もう会わないような重い別れに聞こえることもある。See you again soon. だと「じゃあまたすぐに会おうね。」といった軽いあいさつになり,次に会うことが決まっているときに使う。
・See you. / Bye. / Take care. (じゃあね。)
　…友達どうしでよく使う,カジュアルな言い方。
・Nice talking to you. Bye! (お話しできてよかったです。じゃあ!)
　…相手とやっと話すことができたときや,初対面の人と会話を楽しんだときなどに使う。
・Have a good one. (よい1日を。)
　… Have a good day. (よい1日を。)などのかわりに使われるくだけた言い方。店員が客に言うこともある。

5

Listening & Pronunciation

098 〜 111

音の
イメージを
更新する

トシハルはアメリカで品ぞろえのよいアイスクリーム店を始めました。
さっそく女の子から注文が入りそうです。

$$チョコ = \frac{-(バニラ) \pm \sqrt{チェリー}}{バナナ}$$

$$アップル^2 \frac{クッキー\&クリーム}{パイナップル} = ストロベリー$$

$$(アーモンド + 抹茶)^2 = レモン + ラムレーズン^2$$

どうしよっかな…

問 音声を聞きましょう。注文されたのは何？

Question
098

チェリー ／ 抹茶 ／ チョコレート ／ ストロベリー ／

アーモンド ／ パイナップル ／ アップル ／ バニラ

1分考えて 答えが決まったら 次のページへ

答 チョコレート・ストロベリー・アップル

（Chocolate, strawberry and apple, please.）

　日本語のカタカナ語と実際の英語の音は大きく異なるので，英語の音に慣れていないと，聞き取るのは難しかったかもしれません（この女の子は結構早口ですし）。

　逆に言えば，日本語のカタカナ語をそのまま言っても，英語を話す人にはなかなか通じないということでもあります。

知ってる？

日本語とのちがいに気をつけること

●「拍」の数のちがい
　たとえば「ストロベリー」は，日本語では「ス・ト・ロ・ベ・リ・ー」のように6拍で言いますが，英語では straw·ber·ry のように3拍（3音節…母音の数）で言います。

● 強く言う場所（アクセント）のちがい
　「チョコレート」は，日本語では「コレ」のところを強く（高く）読みますが，英語では最初の choc- のところにアクセントがあります。

● 母音・子音のちがい
　アメリカ英語だと，chocolate の cho は「チャー」に近く聞こえませんか。apple の -ple は「ポオ」のように聞こえませんか。もう一度聞いてみましょう。

● 弱く言う単語
　and（〜と…）という単語は，注文の内容を表す strawberry や apple などのメインの単語よりも弱く・一瞬で言います。「アンド」ではなく「ウン」に近い感じになります。

母音が気になる

サヤカは自分の名前が大好き。

特に，「ア」という母音が３つ続くところが気に入っています。

ふと，自分が大好きなことば「cake（ケーキ）」について，母音の数が気になりました。

My name is
サァャァヵア

アァァ〜…

問 cake の母音の数はいくつ？
（音声を聞いてもかまいません）

Question
099

A 1つ　　B 2つ　　C 3つ

1分考えて 答えが決まったら 次のページへ

答 **A** 1つ

　「あいうえお」に近い音が母音です。日本語にも英語にも，母音と子音があります。「サヤカ（Sayaka）」なら下線部の a の音が母音で，s・y・k の音は子音です。

　cake の母音は，c**a**ke の下線部の「エイ」の音，1つだけです（「エ」と「イ」の2つではなく，「エイ」という1つの母音（二重母音）です）。最後の e は発音しないので，子音の k の音で終わりです。cake の最後には母音はありません。

　日本語も英語も，おもに母音ごとに，音楽の1拍のようなリズムをつけて発音します。日本語のケーキは「ke（子音母音）・e（母音）・ki（子音母音）」のように母音が3つあるので3拍です。それに対して英語の cake は子音母音子音で，母音が1つしかないので，たったの1拍で発音します。

　音声を聞いて，「母音で1拍」のイメージをつかみましょう。また，英語によけいな母音を入れないように注意しましょう。

知ってる？

「母音で1拍」のイメージをつかもう（下線部の音が母音） 100

母音が1つ（1拍）	母音が2つ（2拍）	母音が3つ（3拍）
c**a**ke（ケーキ）	s**a**nd・w**i**ch（サンドイッチ）	h**a**m・b**u**rg・**e**r（ハンバーガー）
c**a**t（ねこ）	p**e**n・g**ui**n（ペンギン）	k**a**n・g**a**・r**oo**（カンガルー）
b**oo**k（本）	t**e**xt・b**oo**k（教科書）	c**o**m・p**u**t・**e**r（コンピューター）
sp**o**rt（スポーツ）	b**a**se・b**a**ll（野球）	b**a**s・k**e**t・b**a**ll（バスケットボール）
str**ee**t（通り）	h**o**・t**e**l（ホテル）	l**i**・br**a**r・**y**（図書館）

03 どこを強く？

目標時間 1分

トモアキは世界的なミュージシャンですが，忘れ物の常習犯です。
海外公演の直前，ギターをホテルのエレベーターに忘れたことに気づきました。
せっかくなので，エアギターで出演します。

エアギターの
ほうがウケるのか…

問 英語のアクセントはどこ？ Question

① gui・tar
　　1　2
（ギター）

② ho・tel
　　1　2
（ホテル）

③ el・e・va・tor
　1　2　3　4
（エレベーター）

1分考えて 答えが決まったら 次のページへ

答 ① gui·tár ② ho·tél
　　　２ ２
③ él·e·va·tor
　　１

　英語は，強く言う拍（アクセントのある音節）が単語ごとに決まっています。<u>アクセントのところをほかの拍よりもきわ立たせる</u>ことで，英語らしい発音になります。アクセントのところは，少し高めの音程で，母音を長めに言うのがコツです。

　通じやすい英語を話す上で，アクセントはとても大事です。ちがう位置にアクセントをつけて言ってしまうと，ほかの単語とまちがわれてしまうこともあります。たとえば 🔊 thir·téen（13…うしろにアクセント）と 🔊 thír·ty（30…前にアクセント）などは，アクセントの位置をおもな手がかりにして聞き分けます。

知ってる?

アクセントをまちがえやすい英単語

●**最初にアクセント**

sánd·wich（サンドイッチ）	**él**·e·va·tor（エレベーター）
ráck·et（ラケット）	**bás**·ket·ball（バスケットボール）
ím·age（イメージ）	**cál**·en·dar（カレンダー）
mód·ern（近代の，モダン）	**bát**·ter·y（バッテリー，電池）
hám·burg·er（ハンバーガー）	**mán**·ag·er（マネージャー，管理人）
ín·ter·net（インターネット）	**chóc**·o·late（チョコレート）

●**まん中にアクセント**

ba·**nán**·a（バナナ）	ko·**á**·la（コアラ）
mu·**sé**·um（美術館）	mu·**sí**·cian（音楽家）

●**うしろにアクセント**

gui·**tár**（ギター）	ho·**tél**（ホテル）
vi·o·**lín**（バイオリン）	kan·ga·**róo**（カンガルー）
vol·un·**téer**（ボランティア）	en·gi·**néer**（エンジニア）

04 食べ物か虫か

ケイタは L と R の発音が苦手。面倒なのでいっしょでいいと思っていました。
でも，全然ちがう意味になることがあるらしいので，
やっぱり区別して言えるようになろうと思います。

RaRaRaRa

そこは
"L" だよ

問 音声を聞きましょう。読まれたのはどっち？

Question
103

① **A** flies （ハエ）　　**B** fries （フライドポテト）

② **A** lice （シラミ）　　**B** rice （米）

1分考えて 答えが決まったら 次のページへ

答　① **A** flies（ハエ）　② **B** rice（米）

　日本語には L と R の区別がないので，発音を難しいと思っている人も多いかもしれません。L も R も，日本語のラ行の子音とはちがう音です。

　日本語の「ラリルレロ」は舌先で口の中の天井をすばやくたたく感じで出します。それに対して英語の L は舌先で上の歯ぐきの裏側を長めにタッチして離すのがポイントです。

　一方，R は舌先を口の中のどこにも当てないようにします。

知ってる？

L と R の発音 早わかり

104

● L の発音のしかた
①舌先で上の歯ぐきの裏側をしっかり押す。
②くちびるを丸めずに「ウー」と言う。舌の両サイドから空気がもれる。
③ねっとりめに舌を離す。

● R の発音のしかた
①舌先は口の中のどこにも当てない。
②くちびるを軽く丸めて「ウー」と言う。
③「ウ rice」「ウ right」のように言う。最初の ri- のところは「ワイ」と「ライ」の中間のイメージ。

● L と R の聞き比べ
・flies（ハエ）	― fries（フライドポテト）
・lice（シラミ）	― rice（米）
・light（明かり，軽い）	― right（右，正しい）
・long（長い）	― wrong（まちがった）
・lead（導く，リードする）	― read（読む）
・lock（かぎをかける）	― rock（岩，ロック音楽）
・law（法律）	― raw（生の）
・collect（集める）	― correct（正しい）

05 大変か木いちごか

リョウジは B と V の発音が苦手。面倒なのでいっしょでいいと思っていました。
でも，全然ちがう意味になることがあるらしいので，
やっぱり区別して言えるようになろうと思います。

Thank you
berry much!

キイチゴ？

問 音声を聞きましょう。読まれたのはどっち？

Question
105

① **A** berry （木いちご）　**B** very （大変，とても）
② **A** best （もっともよい）　**B** vest （チョッキ）

1分考えて 答えが決まったら 次のページへ

答 ① B very ② A best

　BとVの区別も，日本人には難しいですね。もしThank you "berry" much. と言ってしまっても，「木いちご」でないことは文脈からわかってもらえるはずですが，ネイティブの人たちには，BとVは別の音に聞こえています。

　Bの発音は，日本語の「バビブベボ」の子音とほとんど同じでもだいじょうぶです。

　一方，Vは日本語の「バビブベボ」とちがい，上下のくちびるをくっつけません。下くちびるを上の前歯の先に当てて，そのすき間から出す音です。くちびるを「かむ」のではなく，下くちびるを少し持ち上げて，くちびるの内側を歯先に軽く当てる感じです。

知ってる？

BとVの発音 早わかり

106

●Bの発音のしかた

日本語の「バビブベボ」の子音とほぼ同じでOK。勢いよく息を出すとよい。

●Vの発音のしかた

①下くちびるの内側を，上の前歯の先に軽く当てる。

②そのすき間から強く息を出す。

③強い息の流れによって，くちびるがビリビリとふるえるようにする。

●BとVの聞き比べ

・B（アルファベットのB）　　― V（アルファベットのV）

・berry（木いちご）　　　　　― very（とても，大変）

・best（もっともよい）　　　　― vest（チョッキ）

・boat（ボート）　　　　　　　― vote（票，投票する）

・bet（賭ける）　　　　　　　　― vet（獣医師）

・bow（おじぎする）　　　　　― vow（誓う）

06 ぼうしか小屋か

チアキは「ア」っぽい英語の母音が苦手。全部いっしょでいいと思っていました。
でも，全然ちがう意味になることがあるらしいので
やっぱり区別して言えるようになろうと思います。

That hut hat looks hot.

問 音声を聞きましょう。どの順番で読まれた？

Question 107

A hat （ぼうし）　　B hot （暑い，熱い）
C hut （小屋）

1分考えて 答えが決まったら 次のページへ

5章　聞こえる・通じる発音　133

答

B hot（暑い，熱い）→

A hat（ぼうし）→ **C** hut（小屋）

Answer

　日本語の母音は「アイウエオ」の5つです。それに対して，英語の母音はその3倍以上もあります。とはいえ，すべての母音を完全にマスターしなくても，通じる英語を話すことは十分に可能ですから，少しずつ区別して発音できるようにしましょう。

　hat（ぼうし）・hot（暑い，熱い）・hut（小屋）の母音はどれも日本語の「ア」っぽい音ですが，ネイティブの人たちには明確に別の音に聞こえます。

知ってる？

「ア」に似た発音 早わかり（アメリカ英語の例） 108

● hat のア（発音記号は /æ/）

アとエの中間のような音です。
くちびるを左右に引いて「エ」の口を作ってから，下あごをダラーンと下げて「エァ」のように言います。

・hat（ぼうし）
・that（あれ，あの）
・apple（りんご）
・fan（扇風機，ファン）

● hot のア（発音記号は /ɑː/）

「アー」のような音です。
口をタテに大きく，あくびをするときのように開いて発音します。

・hot（暑い，熱い）
・not（～でない）
・box（箱）
・soccer（サッカー）
・shop（店）

● hut のア（発音記号は /ʌ/）

日本語の短い「ア」とほぼ同じでOKです。あまり口を開けずに，暗めに言います。

・hut（小屋）　　　・sun（太陽）　　　・fun（楽しみ）
・come（来る）　　・love（大好きだ）　・mother（母）

134　5章　聞こえる・通じる発音

アネーネモウって何？

タカアキの友達はオーストラリアの出身。

いつも「クオッカ」の笑顔の写真を見て癒やされている，とのこと。

クオッカって？と聞いたら，「アネーネモウ」との答え。

アネーネモウ♥

問 「アネーネモウ」と聞こえた英語は，何？
（音声も聞いてみましょう）

Question
109

A アイドル　　**B** 動物　　**C** 映画スター

D 子ども　　**E** ガールフレンド

1分考えて 答えが決まったら 次のページへ

答　**B** 動物（**an animal**）

110

　an animal は「アン・アニマル」と発音されるわけではありません。ここには，ネイティブの人たちが自然に従っている発音のルールが2つかくれています。

　1つ目は「子音と母音がつながる」という現象です。an_animal のようにつながって，ananimal という1つの単語かのように発音されます。

　2つ目は「暗い L」という発音です。L のあとに母音がないときは，L は「オ」や「ウ」のように聞こえます。これらの2つのルールの影響で，an animal は「アネーネモウ」のように聞こえるのです。

　ちなみに，クオッカ（ quokka）はクアッカワラビーともいい，オーストラリアにいる有袋類の動物です。笑っているような顔立ちから， the world's happiest animal（世界一幸せな動物）と呼ばれています。

知ってる？

発音とリスニングに役立つ2つのルール

111

●**子音と母音をつなげる**

…子音と母音はつなげて言います。なめらかに話せるようにするためです。

・**an_egg**（たまご）
アネーグ

・**an_idea**（アイディア）
アナイ**ディア**

・**in_America**（アメリカで）
イナメー**リ**カ

・**stand_up**（立ち上がる）
ス**テァ**ンダプ

●**「明るい L」と「暗い L」**

…母音の前ではふつうの(明るい)L です。

・**light**（明かり，軽い）

…あとに母音がなければ「オ」や「ウ」に似た音（暗い L）になります。

・**milk**（牛乳）
ミオク

・**child**（子ども）
チャイウド

・**apple**（りんご）
エァポオ

「ちょっとやさしめ」
は、これでおしまい。

おわりに

Great job! You finished the book!

日常生活のいろいろなシーンを題材にした『1分で英語力ドリル』。

楽しんでいただけましたか? 本書の問題と解説を通してみなさんに

いちばん伝えたかったのは、

「英語の勉強はテキストだけじゃない!」

「日常のすべてが学びのチャンスになるよ!」ということです。

動物のふとした鳴き声、おいしかった外国の料理、気になる最近の洋服のトレンド、

映画のワンシーンに出てきたことば。 あなたの生活のあちこちに、

すばらしい学びの入り口があります。 そうした入り口から、

どんどん英語の世界に没入していってほしいと思います。

学校や塾では、講義やテキスト中心の受け身の勉強をしてきた人も多いと思います。

そうした経験から、「英語は先生から教わるもの」

「教科書や試験できちんと学ぶもの」という感覚があるかもしれません。

この本を読み終わったあとでも「クイズは楽しいけど、本当の勉強ではないんじゃ…」

そう感じてはいませんか。

でも、それはとんでもない!

「○○って、どういう意味だろう？」「○○って、英語でどう言うんだろう？」

ぼくが思うに、こうした素朴な疑問こそが、今後上手に英語力をつけていく秘訣

です。何を知りたいか、どんな英語を使いたいかは、人それぞれで異なります。

あなたにとっての"使える英語"は、

教科書や参考書の中にはない可能性だって高いのです。

だからこそ、"自分の興味"が大切。いまや知りたいことの多くは、

インターネットや本で簡単に見つかる時代です。気持ちのおもむくままに調べてみ

ましょう。そのとき、興味がないことや、自分にあまり関係ないことは、とりあえ

ず飛ばしちゃってOK。（英語の勉強は、このくらい自由でいいんです）

もちろん、基礎知識を体系的に学ぶ方法として、テキストはとても有益です。

必要に応じてどんどん活用してください。でも同時に、あなた自身の内側から

ふと湧いてくる、伸び伸びとした疑問や好奇心も大切にしてください。

"自分発"で学ぶことで、あなたの人生に役立つ本当の使える英語力が

身についていきます。

本書では、5つの感覚という英語学習の枠組みを紹介しました。この枠組みを

手がかりに、これからいろいろな視点で英語の発見を楽しんでくださいね。

気楽な問いから生まれる、「へぇ、そうなんだ！」。その発見のひとつひとつが、

これからあなたの英語力をしっかりと高めてくれますよ。

I hope you enjoyed this book! Let's keep learning, and let's keep growing!

NOBU（山田暢彦）

英語の基礎　サクッとまとめ

数の言い方

基数（「1つ，2つ…」と個数を表す）112

1	one
2	two
3	three
4	four
5	five
6	six
7	seven
8	eight
9	nine
10	ten
11	eleven
12	twelve
13	thirteen
14	fourteen
15	fifteen
16	sixteen
17	seventeen
18	eighteen
19	nineteen
20	twenty
21	twenty-one
30	thirty
40	forty
50	fifty
60	sixty
70	seventy
80	eighty
90	ninety
100	one hundred
1,000	one thousand

序数（「1番目，2番目…」と順序を表す）113

1番目	first
2番目	second
3番目	third
4番目	fourth
5番目	fifth
6番目	sixth
7番目	seventh
8番目	eighth
9番目	ninth
10番目	tenth
11番目	eleventh
12番目	twelfth
13番目	thirteenth
14番目	fourteenth
15番目	fifteenth
16番目	sixteenth
17番目	seventeenth
18番目	eighteenth
19番目	nineteenth
20番目	twentieth
21番目	twenty-first
30番目	thirtieth
40番目	fortieth
50番目	fiftieth
60番目	sixtieth
70番目	seventieth
80番目	eightieth
90番目	ninetieth
100番目	one hundredth
1,000番目	one thousandth

● 21 以降は，10 の位の数（twenty ～ ninety）と 1 の位の数（one ～ nine）をハイフン（ - ）でつないで表します。

・21 → twenty-one	・22 → twenty-two	・23 → twenty-three
・24 → twenty-four	・25 → twenty-five	・26 → twenty-six
・31 → thirty-one	・45 → forty-five	・99 → ninety-nine

● 100 の位は hundred を使います。200 以上でも，hundred には s をつけません。
hundred のあとの and は，あってもなくてもかまいません。

・101 → one hundred (and) one	・115 → one hundred (and) fifteen
・120 → one hundred (and) twenty	・198 → one hundred (and) ninety-eight
・250 → two hundred (and) fifty	・543 → five hundred (and) forty-three

● 1,000 の位は thousand を使います。2,000 以上でも，thousand には s をつけません。

・1,000 → one thousand	・1,200 → one thousand two hundred
・2,000 → two thousand	・2,012 → two thousand twelve
・2,940 → two thousand nine hundred (and) forty	
・10,000 → ten thousand	・20,000 → twenty thousand
・100,000 → one hundred thousand	

パッと言える？ 曜日名 114

日曜日	Sunday
月曜日	Monday
火曜日	Tuesday
水曜日	Wednesday
木曜日	Thursday
金曜日	Friday
土曜日	Saturday

パッと言える？ 月名 115

1 月	January
2 月	February
3 月	March
4 月	April
5 月	May
6 月	June
7 月	July
8 月	August
9 月	September
10 月	October
11 月	November
12 月	December

● 曜日名と月名の最初の文字は，いつも大文字で書きます。
●「○月○日」は，ふつう May 1（5月1日）のように書きます。日付は，1 のように書かれていても first のように序数で読みます。（日付の序数の前に the をつける場合もあります。）
　　・1 月 15 日　→　January 15（January fifteenth と読む）
　　・6 月 23 日　→　June 23（June twenty-third と読む）
　　・10 月 5 日　→　October 5（October fifth と読む）

英語の品詞

英語の単語は，次の10種類に分けることができます。この分類を「品詞」といいます。

品詞は，その単語の文中でのはたらきによって分けられます。

1つの単語が複数の品詞として使われる場合もあります。たとえば Japanese という単語は，「日本の」という意味の形容詞として使われることもあれば，「日本語」という意味の名詞として使われることもあります。

品詞	例	はたらき
名詞	cat（ねこ） water（水） music（音楽） Japan（日本） Tom（トム） など	物や人の名前を表す語です。 数えられる名詞（可算名詞）と数えられない名詞（不可算名詞）があります。 Japan のような地名や Tom のような人名などは固有名詞といいます。
代名詞	he（彼は） she（彼女は） it（それは[を]） this（これ） something（何か） など	名詞の代わりに使われる語です。 I, you, he, she, it, we, they の7つは人称代名詞と呼ばれ，he − his − him のように変化します。 this（これ）や that（あれ）などは指示代名詞，mine（私のもの）や yours（あなたのもの）などは所有代名詞と呼ばれます。
動詞	am, are, is go（行く） run（走る） like（好きである） have（持っている） など	「〜する」「〜である」のように動作や状態を表す語です。be 動詞と一般動詞に分けられます。動詞は英語の文の骨組みとなる大切な品詞です。 I play tennis.（私はテニスをします。） He is busy.（彼はいそがしい。）
助動詞	will（〜だろう） can（〜できる） may（〜してもよい） should（〜すべきだ） など	動詞にいろいろな意味をつけ加える語です。動詞の原形といっしょに使います。 I can play the piano. （私はピアノを弾くことができます。）

形容詞 けいようし	good（よい） big（大きい） happy（幸せな） new（新しい） all（すべての） など	物や人のようすや状態を表す語で、名詞を修飾します。 This is a new book. （これは新しい本です。） This book is new. （この本は新しい。）
副詞 ふくし	now（今） here（ここに） well（じょうずに） always（いつも） など	おもに動詞や形容詞を修飾します。 He runs fast. （彼は速く走ります。）
前置詞 ぜんちし	in（〜の中に） to（〜へ） with（〜といっしょに） before（〜の前に） など	名詞や代名詞の前に置く語です。 〈前置詞＋(代)名詞〉の形で、時・場所・方向・手段など、いろいろな意味を表します。 at nine（9時に） to the station（駅へ）
接続詞 せつぞくし	and（〜と…, そして） but（しかし） when（〜のとき） など	単語と単語や、単語のまとまりどうしをつなぐ語です。 Kenta and Daiki（ケンタとダイキ）
冠詞 かんし	a, an, the	名詞の前で使います。 a と an は不定冠詞、the は定冠詞と呼ばれます。
間投詞 かんとうし	oh, hi, wow など	おどろきや喜びなどの感情や、呼びかけなどを表す語です。文中で独立して使われます。

be 動詞の現在形

» I **am** busy.（私はいそがしい。）

> am が be 動詞
> be 動詞はイコールのはたらき（I = busy）

be 動詞は，主語によって使い分けます。I と you 以外の単数には is を使い，複数には are を使います。

	主語	be 動詞		短縮形
私は	I	**am**		I'm
彼は	He			He's
彼女は	She	**is**		She's
それは	It		～ .	It's
私たちは	We			We're
あなたは・あなたたちは	You	**are**		You're
彼らは・彼女らは・それらは	They			They're

be 動詞の過去形

» I **was** busy yesterday.

（私はきのういそがしかった。）

過去のことは過去形で表します。am と is の過去形が was で，are の過去形が were です。

	主語	be 動詞（過去形）	
私は	I		
彼は	He	**was**	
彼女は	She		
それは	It		～ .
私たちは	We		
あなたは・あなたたちは	You	**were**	
彼らは・彼女らは・それらは	They		

一般動詞の現在形

» I **play** tennis.（私はテニスをします。）

> play, like, go, eat など
> be 動詞以外の動詞はすべて一般動詞

一般動詞は，主語によって形が変わります。I と you 以外の単数のときは，s で終わる形になります。

	主語	一般動詞	
私は	I	**play**	
彼は	He		s をつける！
彼女は	She	**plays**	
それは	It		～ .
私たちは	We		
あなたは・あなたたちは	You	**play**	
彼らは・彼女らは・それらは	They		

★ plays のように s で終わる形を，3単現（3人称単数現在形）といいます〈→p. 148〉。

一般動詞の過去形

» I **played** tennis yesterday.

（私はきのうテニスをしました。）

過去のことは過去形で表します。一般動詞の過去形は，主語によって形が変わることはありません。

	主語	一般動詞（過去形）	
私は	I		
彼は	He		
彼女は	She		
それは	It		
私たちは	We	**played**	～ .
あなたは・あなたたちは	You		過去形はp.148をチェック！
彼らは・彼女らは・それらは	They		

★ go →過去形 went のように，不規則に変化する動詞もあります〈→p. 148〉。

» I**'m not** busy.

(私はいそがしくありません。)

» I **wasn't** busy yesterday.

(私はきのういそがしくありませんでした。)

否定文は，be 動詞のあとに not を入れます。is not → isn't のような短縮形がよく使われます。

〈現在〉

主語	be 動詞			短縮形
I	am	**not**	〜.	―
He, She, It など単数	is			isn't
You と複数	are			aren't

〈過去〉

主語	be 動詞			短縮形
I	was	**not**	〜.	wasn't
He, She, It など単数				
You と複数	were			weren't

» **Are** you busy?

(あなたはいそがしいですか。)

» **Were** you busy yesterday?

(あなたはきのういそがしかったですか。)

疑問文は，be 動詞を主語の前に出します。

〈現在〉

be 動詞	主語	
Am	I	〜?
Is	he, she, it など単数	
Are	you と複数	

〈過去〉

be 動詞	主語	
Was	I	〜?
	he, she, it など単数	
Were	you と複数	

» I **don't** play tennis.

(私はテニスをしません。)

» I **didn't** play tennis yesterday.

(私はきのうテニスをしませんでした。)

否定文は，一般動詞の前に don't [do not]・doesn't [does not]・didn't [did not] を入れます。

〈現在〉

主語	一般動詞	
I	**don't**	play	〜.
He, She, It など単数	**doesn't**		
You と複数	**don't**		

〈過去〉

主語	一般動詞	
I	**didn't**	play	〜.
He, She, It など単数			
You と複数			

過去形にしない！

★否定文の中では，一般動詞は3単現や過去形にせず，いつも原形（変化しないもとの形）を使います。

» **Do** you play tennis?

(あなたはテニスをしますか。)

» **Did** you play tennis yesterday?

(あなたはきのうテニスをしましたか。)

疑問文は，Do・Does・Did で文を始めます。

〈現在〉

	主語	一般動詞	
Do	I	play	〜?
Does	he, she, it など単数		
Do	you と複数		

〈過去〉

	主語	一般動詞	
Did	I	play	〜?
	he, she, it など単数		
	you と複数		

過去形にしない！

★疑問文の中では，一般動詞は3単現や過去形にせず，いつも原形を使います。

» **I'm playing** tennis. （私はテニスをしているところです。）

〈be 動詞の現在形＋動詞の ing 形〉で，「（今）〜しているところです」「〜している最中です」という意味になります。

〈現在進行形〉

主語	be 動詞	動詞の ing 形	
I	am		
He, She, It など単数	is	playing	〜.
You と複数	are		

» **I was playing** tennis then. （私はそのときテニスをしているところでした。）

〈be 動詞の過去形＋動詞の ing 形〉は，「（そのとき）〜しているところでした」という意味になります。

〈過去進行形〉

主語	be 動詞	動詞の ing 形	
I			
He, She, It など単数	was	playing	〜.
You と複数	were		

» **I'm not playing** tennis. （私はテニスをしているところではありません。）

be 動詞のあとに not を入れると否定文になります。

» **Are** you **playing** tennis? （あなたはテニスをしているところですか。）

疑問文は，be 動詞を主語の前に出します。

〈現在進行形の疑問文〉

	主語	動詞の ing 形	
Am	I		
Is	he, she, it など単数	playing	〜?
Are	you と複数		

〈過去進行形の疑問文〉

	主語	動詞の ing 形	
Was	I		
	he, she, it など単数	playing	〜?
Were	you と複数		

» **Look** at me. （私を見なさい。）

» **Be** quiet. （静かにしなさい。）

動詞の原形で文を始めると，「〜しなさい」という意味になります。be 動詞の原形は be です。

» **Don't** look. （見てはいけません。）

〈Don't ＋動詞の原形〉で文を始めると，「〜してはいけません」という意味になります。

» **Let's** look at it. （それを見ましょう。）

〈Let's ＋動詞の原形〉で文を始めると，「〜しましょう」という意味になります。

» **I can play** tennis. （私はテニスができます。）

can は助動詞です。〈can ＋動詞の原形〉で，「〜できます」という意味になります。

主語	can	動詞の原形	
I			
He, She, It など単数	can	play	〜.
You と複数			

s はつけない！

» **I can't play** tennis. （私はテニスができません。）

否定文は，cannot のあとに動詞の原形を続けます。短縮形の can't がよく使われます。

» **Can** you **play** tennis? （あなたはテニスができますか。）

疑問文は，Can で文を始めます。

can	主語	動詞の原形	
	I		
Can	he, she, it など単数	play	〜?
	you と複数		

what の疑問文 127

「何?」とたずねるときは，What で文を始めます。

» **What**'s your favorite color?
（あなたのいちばん好きな色は何ですか。）

» **What** did you do yesterday?
（あなたはきのう何をしましたか。）

» **What** are you doing?
（あなたは何をしているところですか。）

「何の〜?」とたずねるときにも，What を使います。

» **What** sports do you like?
（あなたは何のスポーツが好きですか。）

» **What** time did you get up?
（あなたは何時に起きましたか。）

» **What** day is it today?
（今日は何曜日ですか。）

which の疑問文 128

「どちらの〜?」は，Which でたずねます。

» **Which** is your umbrella?
（どちらがあなたのかさですか。）

» **Which** train goes to Tokyo?
（どの電車が東京に行きますか。）

who, whose の疑問文 129

「だれ?」は，Who でたずねます。

» **Who**'s that boy?
（あの男の子はだれですか。）

「だれの〜?」は，Whose でたずねます。

» **Whose** bag is this?
（これはだれのかばんですか。）

where の疑問文 130

「どこ?」は，Where でたずねます。

» **Where** are you?
（あなたは〈今〉どこにいますか。）

» **Where** do you live?
（あなたはどこに住んでいますか。）

when の疑問文 131

「いつ?」は，When でたずねます。

» **When** is your birthday?
（あなたの誕生日はいつですか。）

» **When** did you come?
（あなたはいつ来たのですか。）

why の疑問文 132

「なぜ?」は，Why でたずねます。

» **Why** did you go there?
（あなたはなぜそこに行ったのですか。）

how の疑問文 133

「どう?」「どのように?」「どうやって?」は，How でたずねます。

» **How** is the weather?
（天気はどうですか。）

» **How** was the trip?
（旅行はどうでしたか。）

» **How** did you come here?
（あなたはどうやってここに来たのですか。）

数や量などをたずねるときにも，How を使います。

» **How** many cats do you have?
（あなたはねこを何匹飼っていますか。）

» **How** much is this?
（これ〈の値段〉はいくらですか。）

» **How** long is this movie?
（この映画はどのくらいの長さですか。）

動詞の語形変化一覧表

重要動詞の意味と変化形を確認しましょう。
・★が不規則動詞です。不規則な変化形は**太字**になっています。
・規則動詞で，つづりに特に注意すべき変化形も**太字**になっています。

 134

音声は不規則動詞（★印）のみが収録されています。
（原形－過去形の順で読まれます。）

原形	意味	3単現 基本の変化… ↓ s をつける	過去形 ↓ ed をつける（e で終わる語には d だけをつける）	ing 形 ↓ ing をつける（e で終わる語は e をとって ing）
agree	同意する	agrees	agreed	**agreeing** e をとらずに ing
answer	答える	answers	answered	answering
arrive	到着する	arrives	arrived	arriving
ask	尋ねる	asks	asked	asking
★ be	（be 動詞）	**am, are, is**	**was, were**	being
★ become	〜になる	becomes	**became**	becoming
★ begin	始まる	begins	**began**	**beginning** n を重ねる
borrow	借りる	borrows	borrowed	borrowing
★ break	こわす	breaks	**broke**	breaking
★ bring	持ってくる	brings	**brought**	bringing
★ build	建てる	builds	**built**	building
★ buy	買う	buys	**bought**	buying
call	呼ぶ，電話する	calls	called	calling
carry	運ぶ	**carries** y を i にかえて es	**carried** y を i にかえて ed	carrying
★ catch	つかまえる	**catches** es をつける	**caught**	catching
change	変える	changes	changed	changing
★ choose	選ぶ	chooses	**chose**	choosing
clean	そうじする	cleans	cleaned	cleaning
close	閉じる	closes	closed	closing
★ come	来る	comes	**came**	coming
cook	料理する	cooks	cooked	cooking
cry	泣く，さけぶ	**cries** y を i にかえて es	**cried** y を i にかえて ed	crying
★ cut	切る	cuts	**cut**	**cutting** t を重ねる
decide	決める	decides	decided	deciding
die	死ぬ	dies	died	**dying** ie を y にかえて ing
★ do	する	**does** es をつける	**did**	doing

原形	意味	3単現	過去形	ing形
★ draw	（絵を）描く	draws	drew	drawing
★ drink	飲む	drinks	drank	drinking
★ drive	運転する	drives	drove	driving
★ eat	食べる	eats	ate	eating
enjoy	楽しむ	enjoys	enjoyed	enjoying
explain	説明する	explains	explained	explaining
★ fall	落ちる	falls	fell	falling
★ feel	感じる	feels	felt	feeling
★ find	見つける	finds	found	finding
finish	終える	finishes es をつける	finished	finishing
★ fly	飛ぶ	flies y を i にかえて es	flew	flying
★ forget	忘れる	forgets	forgot	forgetting t を重ねる
★ get	手に入れる	gets	got	getting t を重ねる
★ give	与える	gives	gave	giving
★ go	行く	goes es をつける	went	going
★ grow	成長する	grows	grew	growing
happen	起こる	happens	happened	happening
★ have	持っている	has	had	having
★ hear	聞こえる	hears	heard	hearing
help	助ける，手伝う	helps	helped	helping
★ hit	打つ	hits	hit	hitting t を重ねる
★ hold	持つ，開催する	holds	held	holding
hope	望む	hopes	hoped	hoping
hurry	急ぐ	hurries y を i にかえて es	hurried y を i にかえて ed	hurrying
introduce	紹介する	introduces	introduced	introducing
invent	発明する	invents	invented	inventing
invite	招待する	invites	invited	inviting
join	参加する	joins	joined	joining
★ keep	保つ	keeps	kept	keeping
kill	殺す	kills	killed	killing
★ know	知っている	knows	knew	knowing
learn	習う，覚える	learns	learned	learning
★ leave	去る，出発する	leaves	left	leaving

原形	意味	3単現	過去形	ing形
like	好きである	likes	liked	liking
listen	聞く	listens	listened	listening
live	住む	lives	lived	living
look	見る，〜に見える	looks	looked	looking
★ lose	失う，負ける	loses	**lost**	losing
love	愛する	loves	loved	loving
★ make	作る	makes	**made**	making
★ mean	意味する	means	**meant**	meaning
★ meet	会う	meets	**met**	meeting
miss	のがす	**misses** esをつける	missed	missing
move	動かす	moves	moved	moving
name	名づける	names	named	naming
need	必要とする	needs	needed	needing
open	開ける	opens	opened	opening
paint	（絵の具で）描く	paints	painted	painting
plan	計画する	plans	**planned** nを重ねる	**planning** nを重ねる
play	（スポーツを）する	plays	played	playing
practice	練習する	practices	practiced	practicing
★ put	置く	puts	**put**	**putting** tを重ねる
★ read	読む	reads	**read**	reading
receive	受け取る	receives	received	receiving
remember	おぼえている	remembers	remembered	remembering
return	帰る	returns	returned	returning
★ run	走る	runs	**ran**	**running** nを重ねる
save	救う	saves	saved	saving
★ say	言う	says	**said**	saying
★ see	見える	sees	**saw**	seeing
★ sell	売る	sells	**sold**	selling
★ send	送る	sends	**sent**	sending
★ show	見せる	shows	showed	showing
★ sing	歌う	sings	**sang**	singing
★ sit	すわる	sits	**sat**	**sitting** tを重ねる
★ sleep	ねむる	sleeps	**slept**	sleeping

原形	意味	3単現	過去形	ing形
smell	〜のにおいがする	smells	smelled	smelling
sound	〜に聞こえる	sounds	sounded	sounding
★ speak	話す	speaks	spoke	speaking
★ spend	過ごす	spends	spent	spending
★ stand	立つ	stands	stood	standing
start	始める	starts	started	starting
stay	滞在する	stays	stayed	staying
stop	止める	stops	stopped <small>pを重ねる</small>	stopping <small>pを重ねる</small>
study	勉強する	studies <small>yをiにかえて es</small>	studied <small>yをiにかえて ed</small>	studying
★ swim	泳ぐ	swims	swam	swimming <small>mを重ねる</small>
★ take	取る	takes	took	taking
talk	話す	talks	talked	talking
taste	〜の味がする	tastes	tasted	tasting
★ teach	教える	teaches <small>esをつける</small>	taught	teaching
★ tell	伝える，言う	tells	told	telling
★ think	思う，考える	thinks	thought	thinking
touch	さわる	touches <small>esをつける</small>	touched	touching
try	やってみる	tries <small>yをiにかえて es</small>	tried <small>yをiにかえて ed</small>	trying
turn	曲がる	turns	turned	turning
★ understand	理解する	understands	understood	understanding
use	使う	uses	used	using
visit	訪問する	visits	visited	visiting
wait	待つ	waits	waited	waiting
walk	歩く	walks	walked	walking
want	ほしがる	wants	wanted	wanting
wash	洗う	washes <small>esをつける</small>	washed	washing
watch	見る	watches <small>esをつける</small>	watched	watching
★ wear	着ている	wears	wore	wearing
★ win	勝つ	wins	won	winning <small>nを重ねる</small>
work	働く	works	worked	working
worry	心配する	worries <small>yをiにかえて es</small>	worried <small>yをiにかえて ed</small>	worrying
★ write	書く	writes	wrote	writing

監修	山田暢彦
装丁	北谷彩夏
イラスト	二村大輔
本文デザイン	株式会社 デジカル
編集協力	株式会社 エデュデザイン
英文校閲	Joseph Tabolt
校正	甲野藤文宏，三代和彦，脇田聡，渡邉聖子
録音	一般財団法人英語教育協議会（ELEC）
ナレーション	Karen Haedrich，Neil DeMaere，Howard Colefield
DTP	株式会社 四国写研
特別協力	平谷美咲
企画・編集	中村円佳，宮﨑純

1分で英語力ドリル
ちょっとやさしめ